日本手話とろう文化

ろう者はストレンジャー

木村晴美

生活書院

まえがき

今から一二年前の、一九九五年、『現代思想』（青土社）という月刊誌に「ろう文化宣言――言語的少数者としてのろう者」という論文（市田泰弘との共著）を寄せた。その論文はアカデミックの分野で思いがけず大きな反響をよんだが、同時にさまざまな批判を浴びた。「ろう文化宣言は、ろうでない人々（難聴者や中途失聴者）を排他するものだ」「日本語対応手話を言語として認めないのはおかしい」「ろう文化は、日本文化の下位文化（サブカルチャー）に過ぎない」といったような批判である。

その批判にこたえるため、「日本手話が言語であることはどういうことか」「ろう文化とは何か」等のようなテーマでいろいろなところで講演をしてきた。また、語学教育の一環として日本手話を教える技術を身につけるためのワークショップやろう者学（Deaf Studies）領域を確立するための活動も仲間と共に展開してきたが、やはりface to faceの範囲だけである。日本手話やろう文化をより多くの人々に理解してもらうには、右のようなやり方では限界があると感じた私は、ひとつの手段としてメルマガの発行を考えるようになった。

これは、私の職場である国立身体障害者リハビリテーションセンター学院・手話通訳学科で「文化人類学」の講義を担当している江藤双恵先生のご助言によるものが大きい。江藤先生は、かねてから「『ろうの民族誌』が必要」とおっしゃっていた。「民族誌」を通して人間の文化の個別性と普遍性について考える学問が「民族誌学（ethnography）」で、その文化を共有する社会を生きる人々の生活を具体的に記述した「民族誌」が必要だということである。

「ろうの民族誌」であれば、ろう者のふだんの生活をありのままに具体的にかつ体系的に記述すればよい。しかし、その訓練を受けていない私にとって、「ろうの民族誌」を記述することは本当に難しい。ろう者にとってあたりまえのことが聴者からみればあたりまえでないことが往々にしてある。そのため、何を書けばいいのかわからなくなることがある。「書く訓練が必要だ」と考えた私は、二〇〇四年の春、大学院進学を機に週に一回のメルマガ発行を決意した。それが「ろう者の言語・文化・教育を考える」というメルマガであり、そのメルマガを発行順にでなく、五つのジャンルにわけて再構成したのが本書である。

さて、本書に出てくる「ろう者」とは、何度も口に（手に？）していることだが、日本手話という日本語とは異なった言語を話し、日本のろう文化を共有しているデフコミュニティ（ろう社会）の成員のことをさしている。日本手話を母語として獲得したろう者は推定六万人である。日本の人口の約〇・〇五％がろう者で、数字だけみてもマイノリティ（言語的少数者）であることがわかる。

しかし、最近のめざましい医療技術の「進歩」は、耳鼻科の分野にも及び、「聴覚を取り戻す」というスローガンのもと、人工内耳の性能向上や内耳を再生させるための研究が盛んに行なわれ、新生児に聴覚スクリーニングを実施し、人工内耳の手術が赤ちゃんにまで適用されるようになった。それは何を意味するか。エムジェイ・ビアンヴニュ氏のことばを借りれば、「ろう者に対するジェノサイド（集団殺戮）」である。大げさな表現かもしれないが、しかし、日本手話を母語として獲得する機会のない子どもの数が増えているのは事実である。それはすなわち、ろう者でもないが聴者でもない子どもがいることを意味している。日本手話も日本語も母語として獲得できないというセミリンガルのリスクに晒されている（聞こえない）子どもが増え、結果的に「この世からろう者がいなくなる」ことを私は冗談でなく本気で憂えている。

ろう者は、主流である聴者の社会のなかで、確かに、多少不便で窮屈な思いをしながら生きているけれども、それの何がいったい問題になるというのだろうか。そして、「ろう」であることは良くないこととして否定することは、ろう者として生きた人の存在を否定することになるのではないだろうか。

メルマガでは、「『ろう』であることは良くないことだ」と考えるような病理的視点から脱してほしいという思いを込めて書いた。「ろうであるということはどんなこと？」という問いかけに答えるために、日本手話やろう者のことをよく知らない人にも読んでもらえるよう、さまざまな話題をとりあげて書いたつもりである。そして、本書を読んで人工内耳の手術（装着）を思いとどまり、日本手話と書記日本語のバイリンガルな子どもに育てよう、という親が少しでも出てくれれば、と思う。

最後に、本書を通じて、自文化中心に陥ることなく、また、日本手話を話せなくてもよいから、ろう文化を尊重してくれる、ろう者の良き隣人となる聴者がひとりでも増えることを願ってやまない。

二〇〇七年四月

木村晴美

※本書では、日本手話の語や文を〈　　〉で表記した。日本語に翻訳したものは「　　　」で表現した。

日本手話とろう文化

目　次

PART 1 日本手話——ろう者の言語

PART 2 日本手話と日本語対応手話、日本語
——まったく異なる言語

PART 3 ろう者の文化、聴者の文化——異文化を生きる

PART 4 放っておけない――聴者の誤解・偏見・おせっかい

PART 5　ろうの子どもたちと日本手話
——バイリンガル・バイカルチュラルろう教育をめざして

PART 1

日本手話——ろう者の言語

1 察する文化と言語化する文化

私の勤務先である国立身体障害者リハビリテーションセンター学院は六階建てで、手話通訳学科は五階にある。その五階の倉庫室（別名コピー室）には事務室管理のコピー機がおかれている。

そのコピー室の電灯が切れてしまったので交換してもらおうと思って、同僚の市田先生に聞いてみると、一階にある事務室の係長に言えば大丈夫だという。そうすれば係長のほうからセンターの担当部署に連絡してくれるとのこと。

Eメール普及前だったら、市田先生に電話をかけてもらうところだが、インターネットの普及した今、Eメールを使って係長に直接連絡すればすむこと。そう思ってメールの文章を書き始めたのだが、自分の書いた文章を読み返してみて、「本当にこれでいいのか？」と心配になり、市田先生に確認してみた。

私が最初に書いたメールの文章は次のとおり。

倉庫室（コピー室）の電灯が二本切れましたので、交換してもらえるよう担当部署に連絡していただけますか。よろしくお願いします。

市田先生に助言をもらって書き直したのが次の文章。

倉庫室（コピー室）の電灯が二本切れましたので、よろしくお願いします。

後者の文章どおりに日本手話でやったら、頼まれた相手からは「だから、何？」と返ってくるに違いない。日本手話では、相手に何をしてほしいのかを最後まで言語化する（つまり最初のメールの文章のように）のだが、日本語ではそこまで言わずに書くのがスマートらしい……（つまり察してもらう）。

そういえば、手話通訳学科の学生も、手話で話してはいるけれども、最後の最後まで言いたいことを言わないことが多いような気がする。そのようにして先生に察してもらおうとするのは、第一言語の日本語が干渉（影響）しているからなのか？

先日も、メーリングリスト担当の学生に、ケータイに一斉にメール配信できる急ぎ（緊急）用のメーリングリストを開設し、メールアドレスなどの管理をするよう指示したところ、「通常のメーリングリストのほうも……」と手話で言って、最後まで言わない。そのときなぜか私の頭は日本語にスイッチしてしまって、もしかして「担当しなければならないのか」と言いたいのかと気づいた（＝察した）のだけれども、悲しきかな、「それで、何？」と手話で聞いてしまった。学生のほうは慌てふためいて「担当するかしないかを確認したいのだけれども」と弁解するように言った。

場面変わって、また、係長とのやりとり。

書類の不備が見つかり、差し替えが必要になった。ところが差し替えの書類を作るのは誰なのかを確認しないまま、係長は階下に行ってしまった。

一種のかけひきである。事務室に電話をしてみた。そのときは手話通訳を介してである。私としては書類を係長が作ってくれるのならありがたいが、私が作ったほうがいいのならそうするという立場。手話で「先ほどの書類の件だけど、あれって私が作ります？　それとも係長が作ります？」と言ったところ、通訳者は「私が作りますか？　係長が作りますか？」というようなことを言ってしまった。

そのやりとりをそばで聞いていた市田先生、「う～ん、いまの言い方じゃ、係長に作ってくれって言っているようなものだよ」。日本語では、「先ほどの書類の差し替えの件だけど、差し替えるのは……」というあたりか。

日本手話ってストレートな言い方だけしかできない、と思われているようだけれども、遠慮した言い方もあるのだということも知るべき。しかし、今回のような、かけひきが求められるような場面での、遠慮した手話での言い方もまさに手話的。

（2006年4月10日）

❷ 手話に対する敬意の態度

「ろう者の手話を学べる」がうたい文句になっている手話入門講座でのこと。

この講座の先生をA先生（ろう者）としておこう。一から一〇までの数字の手話を教えているとき、A先生の手話〈八〉に対し、他講座の受講経験のある一人の受講生がろう者の間では使われていない代用品の〈八〉を示した。この受講生に、本来の〈八〉に修正するようやんわりと指導したところ、反抗的な目つきで、この〈八〉は難しいから、これ（代用品）の〈八〉で問題はないと（他講座の先生に）言われたから「これでいいのだ」と言わんばかりの態度だったという。

ここでちょっと解説。

数字〈八〉の手型は、親指・人差し指・中指・薬指の四指は伸ばし、小指だけを折り曲げている。ちなみに、〈六〉は親指と人差し指、〈七〉は親指・人差し指・中指の三指。〈九〉は五指。数字の六〜九における親指に数字の五という概念があることがわかる。

ところが、数字〈八〉は、手話を母語としない人にとってやりづらいものらしい。小指を折り曲げると中指や薬指も一緒に曲がってしまう、といった具合である。

だから、そういうときに、聴者の手話の先生は（ときにはろうの先生も）「小指を折り曲げられないのなら、小指を伸ばして（立てて）おいて、人差し指や薬指を代わりに折り曲げておいていいですよ」と指導しているらしい。この変則的な〈八〉をここでは代用品の〈八〉と命名しておくことにする。

この代用品の〈八〉、手話を母語とする話者の間（ろう者やコーダ［ろうの両親のもとで育った聴者］）で使われているのを見たことがない。この代用品〈八〉を使うのは、手話を成人後に学んだという難聴者や手話学習者に多い。そして、この代用品〈八〉をろう者の前でも堂々と用いている。

彼らは、数字の八〇、八〇〇、八万などをどうやって表現しているのだろうか。

十、百、千、万の単位を表現するときは、数字〈一〉～〈九〉をそれぞれ、指を折り曲げる（十の単位）、手首を軸に手を上へ動かす（百の単位）、手首を軸に上下に動かす（千の単位）、指をくっつける（万の単位）、である。

数字〈八〉
小指以外の４指を伸ばす

実際に代用品〈八〉でやってみると手話母語話者の直感として違和感を覚える。つまり、手話の音韻的制約に違反しているのだ。代用品〈八〉にも音韻的に違和感を覚えるが、動きを伴うとさらに違反となることが明らかになる。

数字〈八〉の代用品①
小指を伸ばし人差し指を折り曲げる

数字〈八〉の代用品②
小指を伸ばし薬指を折り曲げる

にもかかわらず、手話を母語としない人たちの間で代用品〈八〉が平気で使われているのだ。いや、問題とすべきなのは、代用品〈八〉でいいですよ、と指導する人たちのほうかもしれない。

話をもとに戻して、数字〈八〉は、実をいうと小指を完璧に折り曲げる必要はないのだ。小指を折り曲げることが重要だと思われているようだが、重要なのは、小指以外の四指がくっついていないことの方だ。

数字〈四〉、数字〈九〉と関わってくるが、数字〈四〉は親指を折り曲げ、親指以外の四指は伸ばし（立てて）くっつけない。数字〈九〉は、親指は立てても折り曲げてもどちらでもよく、親指以外の四指はくっつける。

数字〈九〉は、手話の本では親指を立てるようにと説明されているが、実はこの親指の存在は重要なことではない。重要なのは四指がくっつ

〈簡単〉手話の本に掲載されているもの
人差し指をあごに当てる

〈簡単〉音韻変化の生じたもの
人差し指を唇の横に当てる

いているかどうかということだけ。くっついていれば〈九〉、くっついていなければ〈四〉と認識されるためである。

そして、数字〈八〉は、数字〈九〉と混同されないよう、三指（人差し指・中指・薬指）をくっつけないということが大切な要素になっている。以上の説明は、数字〈四〉〈八〉〈九〉を音韻的に区別するためのポイントで、ろう者はそれを無意識的に実行しているだけなのだ。

手話を母語としない人たち（手話学習者や手話通訳者）の、手話に対する敬意のなさにびっくりすることがある。代用品〈八〉を使ってもいいのだというような指導にもびっくりするが、手話の本に書かれているのが正しくて、ろう者の手話は間違っていると言う人にはもっとびっくりする。

私も当時のベテランとされる手話通訳者に「あ

なたの手話は間違っているわよ」と指摘され、自分の手話を修正した経験がある。〈簡単〉という手話単語だ。人差し指の位置が間違っているというのだ。手話の本に書いてある正しい位置は下唇の真下にあたるあごで、唇の真横の、頬のやや下を接触点（位置）としていた私の手話は間違いであるというのだ。

当時の私は手話言語学の知識がまったくなく、この手話通訳者の指摘に何か違和感を覚えながらも、手話の本が持つ「絶対的権威」というのに負けてしまって、修正させられたのだ。

この構図、非母語話者が母語話者の発音を間違っていると言うようなものだ。英語の学習者が、英語を母語とするアメリカ人の英語の発音を間違っていると言うのと同じことを、くだんの手話通訳者はしたことになる。

母語話者が話す手話に対する敬意を欠くということは、手話が言語であるということを認識していない、あるいは心の中で「手話ってやはり物事を表現するには限界があるのよね」と思っていることの表れということにもなろう。

（2004年5月31日）

❸ オイルと油

二〇〇五年一一月六日~八日、アメリカはラスベガスで開催されたASLTAの大会に参加してきた。

ASLTAは、American Sign Language Teacher's Association の略で、アメリカ手話教師協会ともいう。二〇〇五年で創立三〇年を迎え、それを記念しての大がかりな大会となった。

ASLTAの会長(President)は、何度か日本でも講演したことのあるレスリーさん(Leslie C.Greer)でドイツ系のアメリカ人。

レスリーさんとは、一九九二年にサンディエゴで開かれた手話言語学関係の学会で知り合った。当時、私はASL(アメリカ手話)がまったくできず、そんな私を気にかけてか、レスリーさんは私に身振り手振りで学会やASLに関する情報を提供するなど、本当に親切にしてもらった。

翌年、デンマークで開かれたろうの研究者のための合宿形式のワークショップで、レスリーさんと再会、約一週間ほど寝食を共にし、私のASLも少し向上した。一九九四年のデフデー九四(Dpro主催)でレスリーさんの講演が実現し、テーマは、当時はまだ珍しかった「ろう文化」だった。

そして、那須高原でろう青年リーダー養成のためのキャンプに参加、さあ、これからバーベキューをしようという段階になって、レスリーさんと「オイルと油」をめぐってお互いに?.?.?.状態になったのだ。

ことの発端は、バーベキューで使うサラダ油を私が手話で〈油〉と表現したため。日本の手話を少しずつ覚えつつあった彼女は、「ガソリン」の手話が〈車+CL注す〉、もしくは〈車+油+CL注す〉、〈油+CL注す〉の三通りあることに気づいていたようだ。

私のサラダ油の〈油〉に、レスリーさんは目玉をひん剥くばかりに驚いて、「バーベキューにガソリン?」と言うのだ。レスリーさんが何に驚いたのか、いまいちよくわからなかった私は、ガソリンでなくて、食用の油だから心配しなくてもいいよと言うと、彼女はそういう次元で心配しているのでなく、手話が問題だと言う。

彼女の驚きは、食用にもガソリンにも同じ〈油〉を使うことにあるらしい。日本手話では、食用・ガソリン両方に〈油〉の手話を用いるが、ASLでは、食用の油とそうでないものとをきっちりと使いわけているようだ。だから、アメリカのASL話者であるろう者からしてみれば、食用油とガソリン両方に同じ語をあてることに、違和感を覚えるのだろう。

語彙の体系は言語によって異なる。

食用の油でも、ガソリンでも、日本手話の場合は〈油〉を用いるが、アメリカではそうではない。そして、どちらかが正しくて、どちらかが間違っている、という問題ではない。

レスリーさんもそのことは十分にわかっているので、後は笑い話になった。

しかし、このことは、ＡＳＬと日本手話の関係だけでなく、日本語と日本手話の関係においても同じことがいえるのだ。

たとえば、日本手話の〈終わり〉と日本語の「終わり」。両方の語の意味範囲が完全に一致しているわけではない。だが、手話学習者である聴者は、自分の母語である日本語の語彙体系にあてはめて日本手話の〈終わり〉を理解しようとして、結果的に間違った使い方を身につけることになる。

それだけならまだしも、ろう者の手話の語の用法を、日本語の語彙体系に照らし合わせて、間違えていると指摘するような手話学習者もいる。

レスリーさんのように、相手の言語を正しく理解するためには、まず、自分の言語の語彙体系の束縛から脱することではなかろうか。

（2005年11月14日）

4 手話〈悪くない〉

今回は、手話の〈悪くない〉に関するトピック。

手話の〈悪くない〉には、普通の〈悪い+ない〉と、慣用的表現と化した〈悪くない〉の二つがある。前者は、「悪いことをしていない」ことを言うときに使われるが、後者の慣用的表現の場合、聴者には習得しにくい使われ方をしている。

実は、この〈悪くない〉という手話は、音韻的変化が著しく、〈悪い〉〈ない〉の元の手型、動きなどがわからないくらいである。だから、もしかしたら手話学習者のほとんどがこの慣用的表現〈悪くない〉を見たことがないかもしれない。

手話通訳学科卒業生の一人、Mさんのエピソードを紹介しよう。

このとき、話題にしていたのは、Mさんの夫。非常勤のろうの先生が写真を見て、「Mさんのご主人って〈悪くない〉」と手話をした。Mさんはこの〈悪くない〉が読めず、したがって何を言われたのか全然わかっていなかった。

そこで、ろうの先生が〈悪くない〉をスローモーションで再現して見せたが、〈悪い〉と〈ない〉が音韻的に連続しているため、Mさん、なかなか読めない。別のろうの先生が〈悪い〉と〈ない〉を別々に表現したあと、これが音韻的に連続した〈悪くない〉（慣用的表現）になるのだと説明し、Mさんはやっと納得したかに見えた。

ところが、Mさんの様子が少しおかしい。

「すると、うちの旦那、ブ男よりマシっていう意味⁉　ショック－」

と言うではないか？

そばにいたろうの先生たちは、Mさんのこの過剰なマイナス反応に首を傾げている。

「そんなつもりで言ったわけやないで。超カッコええとまでは言わないけれども、いい男してるから〈悪くない〉とゆうたんや。なんで、そんなにショック受けるん？」

Mさんは、手話の〈悪くない〉は、日本語の「悪くない」とは異なった意味範囲があるということを知らなかったのだ。

慣用的表現〈悪くない〉の使われ方の例をいくつか紹介しよう。

【場面1】

Aさんは料理が上手という評判である。Aさん宅で出された料理の品々を口にして〈悪くない〉。

【場面2】

Bさんが料理している様子を見ていると、なんだかでたらめで適当にしているようである。調味料もきちんと計って入れているわけではない。そのBさんの作った料理を口にして〈悪くない〉。

さて、手話を学習中の読者の皆さん、場面1、場面2の『悪くない』の意味、わかりました？ちょっと日本語の文にしてみましょう！

場面1：（うわさ通りで）ほんとに上手やな～
場面2：（でたらめに作っている割には）けっこういい味出しているね。

日本語の「悪くない」とは全然違う使われ方をしていることがわかると思う。手話の〈悪くない〉は、どちらかといえばプラス評価に使われている。

さて、次の場面では？

【場面3】
夜遊びもせずに一日一〇時間以上も勉強して東大に受かった友達の話を聞いて〈悪くない〉。

【場面4】
手話がとてもうまいCさん（聴者）のご主人がろう者だと知って〈悪くない〉。

これはちょっと難しいかも。日本語で言うと左記の通り。

場面3：東大合格も当然の結果だね、あんなに勉強したのだから。

場面4：どうりで手話がうまいわけだ。ろうのご主人がいるんだもの。

このように、日本手話と日本語の語彙の意味範囲にズレがある単語はほかにもたくさんある。たとえば〈マシ〉〈かまわない〉なども。

問題なのは、日本語語彙の意味範囲を規準にし、日本手話の語彙の使われ方を間違っているという聴者がいることだ。

読者の聴の皆さんにはそういうことがないようお願いしたい。

（2004年4月26日）

5 「一緒になりたい」って？

先日、とある手話講座の打ち上げ会に参加してきた。

この手話講座では、ナチュラル・アプローチという直接教授法で日本手話が教えられているのだが、学習者にとって、日本手話で話すときでも、第一言語である日本語の影響を完全に除去するのは難しい。いわゆる第一言語の干渉現象がおきてしまい、学習者は試行錯誤しながら、その中間言語（第一言語の干渉が起きている状態の言語）を意識しつつ、その除去に努めたりする。

さて、その打ち上げ会で、受講生の一人が四月に結婚することがわかり、彼女に結婚に関するいろいろな質問が集中した。この彼女のことをウメさんとしておこう。

打ち上げ会には私を入れて、ろう者が四人参加していて、手話学習者はウメさんを入れて七人。合計一一人が打ち上げ会に参加していた。

「交際期間は？」「新婚旅行はどこ？」「挙式場所は？」「お相手とのなれそめは？」などいろいろな質問が乱れ飛ぶ。聞くのはなぜだかみんなろう者ばかり。ウメさんと親しくしている子（高校時代からの友人）も、ろう者の質問に答えるウメさんの話を聞いて「へえー」と目を白黒させている。

もしかして、聴者って、講座の受講生同士のように月に数回しか顔をあわせない間柄だと、右のような質問って不躾すぎるのかなと思ったり……。

そして、いよいよ核心の質問（？）がウメさんに。

ろう者：どっちから求婚したの？
ウメさん：むこうから。
ろう者：うわー！　プロポーズの言葉は何て？
ウメさん：〈一緒になりたい〉って。
ろう者：？？？　結婚したいって意味？

この会話はもちろん日本手話で、である。それをそばで見ていたバツイチのろう者は、ぽつりとこう言った。

「一緒になりたいって言われてもピンとこないねえ……。何を一緒に？　と言ってしまいそう。どうして聴者はこれがプロポーズってわかるのかしら？」

打ち上げ会に参加していたろう者は、私以外全員結婚しているかバツイチ。求婚のときに（求婚されたときに）何を言ったのか（何を言われたのか）聞いてみた。すると、一人は昔のことで忘れたというが、あとの二人は「結婚してください」と、やはりストレート。

ろう者の、日本手話によるプロポーズの言葉は、やはり言語化していて、結果的にストレート。

聴者みたいに、気の利いたプロポーズの言葉はないのかもしれない。しかし、私は思う。もしかしたら、日本手話的に気の利いた、カッコイイプロポーズの言葉は、データ化されていないからみんな知らないだけであって、本当はあるのではないかと。

日本手話によるプロポーズの言葉集（もちろん動画で）のサイトがあってもおかしくはないのかも。

（2006年3月20日）

6 非手指副詞〈問題ない〉

日本手話の副詞として機能するものに「非手指副詞」がある。これは語としてではなく、文法的機能を持った非手指動作（NMS）のことで、非手指副詞の場合、動詞と共起されることが多い。

NMSとしての副詞は、主に顔の非手指動作（眉の上げ下げ、目を細める、唇をすぼめる、下唇を突き出す、唇を一文字にする……）で表現されている。

ウン数年前の、NHK手話ニュースの手話キャスターによる、月に一回の検討会でのこと。出演者全員の衣装関係の書類のうち、私の分だけが欠けていることが判明した。引き出しの中に書類が入っていたのだが、私はそのことに全然気づいていなかったため、あわててその場で記入していた。すると、当時、事務局担当だったキャスターさんが「引き出しの中にわかるように入れておけばよかったのにね、ごめんなさい」と言ってきたので、「いえいえ、気づかなかったのは私のほうですし」と言って、非は私のほうにあると言おうとしたのだが……。

彼女は、大変申し訳なさそうな顔をして、書類を入れたときの様子や、配慮が自分に足りなかったこと、書類の提出が数日くらい遅れても支障はないことなどを延々と話し、その合間に何度も謝るのだ。

私は私で「だから、引き出しに入っているのに気づかなかった私のほうが悪くて、あなたのほうは全然問題ありませんよー」と謝られるごとに言うのだが、それでも、彼女は最後の最後まで恐縮して申し訳なさそうにしていた。

私は、彼女の過剰な反応に首をかしげつつ、検討会を終えた。

場面変わって、私の職場、学院・手話通訳学科の教官室でのこと。

ある日、電車のポイント故障のため、遅刻してきた学生が教官室に顔を出し、遅刻の理由を報告してきたので、了承した旨を伝えたところ、その学生は私に怒られたかのようにシュンとなって、「申し訳ありません、これから気をつけます」と言って退室していった。

私のほうは、学生のこの反応が解せなかった。ポイント故障という不可抗力による遅刻を私が怒るワケない。私はむしろ「全然問題ないよ」と言ったつもりなのだが。

そこで、学生とのやり取りをもう一度、頭の中で再現してみた。そこで、もしかしたら、〈問題ない〉＋〈かまわない〉の部分が正しく伝わっていないのではないかと、思いあたった。

この〈問題ない〉は、NMSで表出される。どんなNMSかというと、口を尖らせるのだ。

この「口を尖らせる」行為は、手話を母語としない日本の聴者の、「自分が不満に思っている」ときのしぐさでもある。

だから、学生の遅刻について、私が〈問題ない〉＋〈かまわない〉と手話したのを、その学生は

「遅刻したのは不満だが、仕方がない」と、解釈したのかもしれない。だから、私の期待していた反応「わかりました。ありがとうございました」ではなく、「申し訳ありません、これから気をつけます」と言ってその学生は教官室を出て行ったのだ。

そして、事務局を担当していたあの手話キャスターさんも、私の〈問題ない〉＋〈かまわない〉の連発に、私が心底怒っていると誤解し、何度も頭をペコペコ下げたのではないだろうか。

私の経験を数人のろう者に話したら、「あー、だから、怒っているの？　と聞かれたりしたんだ」「すみません、すみませんと何度も言われたので、何か悪いことでもしたのかと思ったことがある」などなど、みんなも似たような経験をしていることがわかった。

ろう者の手話のことを「表情が豊か」と形容することがよくある。手話講習会でも「表情を豊かにしましょう」と教えることがある。しかし、その「表情」とは、感情の動きを示す喜怒哀楽をさすことが多く、文法的機能を備えた顔の表情については教えられていない。

非ろう文化圏、すなわち、聴文化圏では、私の人格に関して変な誤解を与えるよりはと思い、私は〈問題ない〉のＮＭＳはしないように心がけている。もちろん、相手（聴者）をろう文化圏に引き込もうとするときは、少しずつ〈問題ない〉のＮＭＳを使うことにしているのだが……。

（２００５年３月21日）

7 〈まだ〉の用法は難しい……

手話講習会の入門講座でのこと。

手話単語〈まだ〉、〈終了〉を導入した後、家族をテーマに簡単なインタラクションを行なった。結婚の有無をたずねる文は、手話では「〈結婚〉＋〈終了（終わる）〉?」という文になるが、自分は結婚しているのに、ノーと答える受講生が結構いる。それで「〈結婚〉＋〈まだ〉?」と確認するとこれまたノーと答える。

これが手話講座でなかったら「結婚しているかと聞いたら、結婚していないと答える。だから、それじゃ結婚していないんだねと言ったら、結婚していると答える。一体どっちなんだ?」ということになる。

私も手話講座で何度か?.?.の受け答えを経験していくうちに「〈結婚〉＋〈終了（終わる）〉?」の手話文に対し、二つのパターンがあることを発見した。

一つ目は、離婚してバツイチだということを言いたくてノーと答えるケース。

二つ目は「結婚していますか?」ではなく、過去形のほうの「結婚しましたか?」という意味だと間違えて、ノーと答えるケース。

「〈結婚〉＋〈終了（終わる）〉？」と「〈結婚〉＋〈まだ〉？」の文は、いわゆる完了／未完了の構文、（〜している／〜していない）の構文になっていて、基本中の基本構文なのだが、実はそのことをわかっていない手話通訳者（手話学習者含む）が多い……。

という手話文を「結婚はまだです」と平気で訳する人がいる。ある三〇代のコーダの女性は、自己紹介で「〈私〉＋〈結婚〉＋〈まだ〉」通訳者が「私は結婚はまだまだです」と訳したため、フロアの聴者から笑われたという経験があるという（実はこれには裏話がある。「まだまだ」と二回重ねて訳されたのは、くだんのコーダの女性が〈まだ〉という手の動きを二回したためだというから話にならない）。

自己紹介で「結婚はしていません」と「結婚はまだです」のどちらを言うかによって、受ける印象が違ってくる。前者は割とニュートラルなのに対し、後者は「いずれは結婚したいと思っているが、今は……」という印象になる。

ところで「結婚はまだです」と「結婚はしていません」は、文法つまりＮＭＳ（非手指動作）の違いだけで区別されている。

「結婚はまだです」の場合、焦点化された〈結婚〉（頷きが伴うＮＭＳ）のあとにポーズが入り、そして〈まだ〉が表出される。

「結婚はしていません」では、ポーズが入らず、そのまま続けて表出される。

話をもとに戻して、実際の会話でバツイチの人が「結婚しているの？」と聞かれて、日本語だったらどう答えるのだろう？

シチュエーションも関係するから、一概には言えないが、離婚していてバツイチなんだということをにおわせるような、つまり察してもらえるような答え方になると思う。

手話だったら、本当のことを言うか言わないかで答え方が違う。

本当のことを言わないでおくと決めたら〈まだ／（していない）〉と答え、本当のことを言うのなら、「〈結婚〉＋〈終了〉、〈しかし〉、〈今〉、〈離婚〉、〈一人〉」（「結婚していたんだけど、離婚してシングルなの」）となるだろう。

ちなみに、同僚の小薗江《おそのえ》先生は、シラバスの「家族」で、新出単語を導入するために、自分の家族構成を使って手話を指導しているが、自分がバツイチであること、現在は再婚していて子どもがいることを話す段階になると、学生の顔がこわばってくるというのだ（たぶん、どう反応すればいいのかわからないためだと思うが）。

ろう者の間では、初対面同士でも気があえば、結構、家族のことが話題になり、初婚でもバツイチでも再婚でもシングルでも何でも話す。

手話講座で家族がシラバスとしてとりあげられるのは、開講して四回目か五回目の頃。受講生同士、お互いの名前をようやく覚えた頃だから、ろうの先生のバツイチとか再婚云々の話にどうリアクションすればいいのかわからず、結果的に顔がこわばってくるのだろう。

（２００５年１月10日）

8 電話通訳は難しい……

久しぶりにろう者から電話をもらった。ケータイ（メール）が普及した現在、ろう者から電話をもらうということは少なくなってきたのだが、今回は急ぎの用事ということで、電話だった。

もちろん、ろう者が直接電話に出るわけではない。手話通訳を介しての電話である。だが、今回の手話通訳の方は、電話通訳をしたことがなかったらしく、主体のろう者の名前でなく、自分の名前を告げたため、電話を受けた同僚が「○田さんっていう方からの電話だけど」と言った。ろう者当人から事前に「これから電話するよ」とメールを受けていたので、もしかして電話通訳の人？と思いつつ、こちらも電話を代わり「木村です、○田さんですか？」とあえてわざと確認してみると、「ハイ、そうです、○田です」と答えるではないか。二、三度同じことを聞いてようやく相手も気づいたらしく、やっとろう者の名前を言ってくれた。

私が電話をするときは研修生に電話通訳をしてもらうが、慣れていないとほんとうに難しい。クレジットカードやキャッシュカードに関する用件の電話では、カードの本人であることを確認されることが多い。初めて電話をかけるところでは、自分がろう者であることを断ってから、手話通訳者を介しての電話であることを説明していたのだが、クレジットカード会社や銀行の場合、多くが通訳者の名前を聞こうとする。新米の研修生は、そのことを通訳せずに自分の名前を言ってしまうという失敗をすることがある。そのため会社や銀行から、私にではなく電話通訳をした研修生に電話がかかるが、その研修生が不在だと、私が目の前にいるのに、その電話が切られるということが何度かあった。

以来、電話通訳に関しては、いろいろ試行錯誤を重ねながら、自分なりに決めていることがある。

・電話をかける前に通訳者に用件の概略を説明しておく。
・私のことを知らない相手にかける場合、電話通訳を介していることを知ってもらったほうがベターだと判断した場合のみ、通訳者の存在を明かす。
・その際、相手から通訳者の名前を聞かれた場合は、電話をかけているのは私であることを説明し（主体は私であることを理解してもらう）、通訳者の名前は言わない（言わせない）。
・通訳者の通訳技術からみて同時通訳が難しそうな場合は、用件や電話の意図をあらかじめ説明し、通訳者に電話してもらう（逐次通訳のような形で）。複雑な内容の場合は同時通訳のできる人に電話通訳をしてもらう。
・相手が私のことをよく知っている場合、通訳の技術が未熟な人にも電話通訳をしてもらって、電話通訳のスキル向上に努める。

電話は相手の顔が見えないだけに、電話は嫌い、苦手だという聴者はいるらしい。

でも、手話通訳をめざす人はそういうことを言っていられない。スマートな電話通訳ができるには苦手意識を克服してもらわないと……。

ろう者はろう者で、ろう者になじみの薄い電話文化というのを勉強しておかないと、電話を使いこなせない。それは電話通訳をする手話通訳者を使いこなせないという意味にもなる。

新米研修生にとって、私の「電話（通訳）、頼むよー」は聞きたくない（見たくない）一言らしい。

でも、私は今日も手話で言う。

「電話、頼むよー」

（2006年1月12日）

9 会話の運び方

手話教育で話題になるのが、聴者の会話の運び方がろう者のそれと異なるということだ。手話学習者に「きょうだいはいますか？」とたずねると、きょうだいの構成と人数を先に答えることが多い。

A（先生）：きょうだいはいますか？
B（生徒）：（はい）兄が二人、妹が一人います。

このような答え方だと、相手からきょうだい構成を聞かれもしないのに、自分から勝手に説明しているような印象を受けてしまう。だから、ベテランの手話の先生は、手話学習者の応答を下記のように修正させる。

A（先生）：きょうだいはいますか？
B（生徒）：はい、います

A（先生）：何人ですか？
B（生徒）：四人です。
A（先生）：四人も！　多いですね。誰と誰ですか？
B（生徒）：はい、私と兄二人、妹一人です。

お気づきだと思うが、聴者の場合、きょうだいの人数をたずねられたとき、自分はカウントに含めないらしい。

【聴者（日本語）】
A：きょうだいは何人いますか？
B：一人です。兄がいます。

ろう者は、自分も含めた数を答える。

【ろう者（日本手話）】
A：きょうだいは何人いますか？
B：二人です。兄と私です。

それはともかく、聴者の文化は「察すること」がキーワードになっている。だから、相手から何か聞かれたときは、その質問意図を理解した上で答えなければならないようだ。学院・手話通訳学科の授業でも、先日、下記のようなやりとりがあった。

私（ろう者）：Sさんの説明を聞いて補足したいことある？

T（学生）：ええと、Sさんの説明では……

Tさんの応答の部分で、私はTさんの発話をストップさせ、改めてろう者的な答え方に変えさせた。

私：Sさんの説明を聞いて補足したいことある？

T：あります。

私：（発話を促す非言語的サイン）

T：Sさんの説明では……

ろう者の会話では、イエス・ノー疑問文で何かを聞かれたら、必ずイエスかノーで答え、相手の反応を見てから発話を続けるかどうかを決める。もし、イエスかノーで答えられる事柄でなかったら、イエスかノーで答えられることではないということを言うのだ。

先日も「聴者からの質問は、結局、何を聞きたいのかわからない」と、同僚の小薗江先生がぼやいていた。

小薗江先生は夜間大学の学生をしている。発達心理学という授業でレポート発表をしたときのこと。

「ろうの赤ちゃんにも手話の発達があるのですか?」と学生から聞かれたので、「ある」と答え、次の質問を待とうとした。そしたら気まずい間があいてしまった。そして、質問をした学生はなんだか焦っているように見える。

彼は、ある一種の居心地の悪さを感じながらも、その学生とは面識があったので、「ろうの赤ちゃんの手話の発達について、説明させてもらっていいですか」と確認をとったという。

ろう者的には、次のような運び方になるだろう。

学生A：ろうの赤ちゃんにも手話の発達があるのですか。
学生B：ええ、あります。
学生A：そうですか（プラスの反応）。どんな発達をするのか、ぜひ説明をしてください。
学生B：わかりました。ろうの赤ちゃんの場合は……

という感じである。聴者の場合は、次のような感じだろうか。

学生A：ろうの赤ちゃんにも手話の発達があるのですか?
学生B：はい、ろうの赤ちゃんの場合は……

先ほどの例で、焦っているように見えたという学生も、小薗江先生の「ある」とだけ答えたのを受け、「もしかしたら、自分の質問は小薗江さんを怒らせたのではないか」と誤解したのかもしれない。つまり、イエス・ノー疑問文に対して、イエスかノーだけで答える発話行為は、聴者では、その質問に対して不快を持っているとか、答えたくない、ということにもなるらしい。まさに「察する文化」である。

聴者のそうした会話のやりとりのしかた（運び方）があることは、頭では理解しつつも、どうしてそんな運び方をするのか感覚的に理解できない。

私も大学院で授業やゼミに参加している。相手はもちろん聴者だから、聴者的に答えようとして頭がショートしてしまうこともある。ときには、ろう者的に答えることもあり、一瞬、間が空いたりする。そんなときは、お互いにフォローをしあったりと、なかなかおもしろい。

でも手話学習者には、ろう者的な会話の運び方を身につけてほしい。手話を身につけても、会話のやりとりが聴者的であったら、ろう者との間で快適なコミュニケーションがとれないだろうと思う。ある言語を身につけることは、その言語の話し手の文化をも身につけることだから。

（2005年5月30日）

10 日本手話の口パクパク型

言語は、話し手がいる以上、変化していく。話し手がいなくなれば、その言語は死んでしまう。言語は、話し手と共に生きているようなものだ。

「最近の若者は言葉がなっていない」とか、「言葉が乱れている！」と嘆いているのは、聴者だけではない。ろう者も嘆いているのだ。

いや、正確に言うのならば、「年配のろう者が、最近の若いろう者の手話の乱れを嘆いている」ということになる。

この嘆きには二つの種類があり、厳密にわけておく必要があるようだ。一つはいわゆる口パクパク型の手話で、もう一つは、若者が好んで用いるいわゆるヘンな手話。

さて、口パクパク型の手話というのは、日本語の口型がやたらに多い手話のことである。その口パクパク手話のことを、「日本語対応手話」だと思い込んでいる手話通訳者や手話学習者がいるが、実は「日本手話の口パクパク型」なのだ。

口パクパク型の手話なのに、どうして「日本手話」なのか。

それは、単語や句を日本語から借用してはいるけれども、手話の文全体をみわたすと、手話文としての構造はもちろんのこと、日本手話のカナメであるＮＭＳ（非手指動作）が備わっているからなのだ（日本語の構造そのままに話す場合は、口パクパク型などと言わずに、日本語対応手話と言えばよい。たいていはＮＭＳが抜け落ちている）。

「私のドリームはね、フランスでとってもデリシャスなケーキをたくさん食べることよ。でも、飛行機のマネーがかかるから、ジャパンのケーキで我慢しているの」

右の日本語の例文について、少し考えてみよう。

「とってもデリシャスなケーキ」は、英語的に考えるとオカシイ。本来ならデリシャス“delicious”にはすでに「とても」という意味が含まれているから、「とってもデリシャス」というのは英語的にはＮＧ。

「デリシャスな」の“delicious”は形容詞で、「おいしいケーキ」の「おいしい」にあたる部分。「おいしいなケーキ」というのはちょっとオカシイけど「デリシャスなケーキ」は、日本語の構造からみれば問題ない。これと同じ例が「ジャパンのケーキ」。英語で言うなら、“a Japanese cake”つまり、「ジャパニーズ・ケーキ」がホント（?）なのだ。

「飛行機のマネー」というのは、「飛行機代（＝航空運賃）」のこと。でも、英語では、“air fare”と言う。“air money”でないのだ。もし、右の例文の「飛行機のマネー」をそのまま“air money”

に訳したら、英語圏の人はビックリするに違いない。

このカタカナ多用型日本語の例文、英単語の借用が多いけれども、文の構造としては、日本語そのもの。それの日本手話バージョンが口パクパク型日本手話。

「ワタシノユメはナニカといえば、フランスにイッテ、とてもおいしいケーキをタベルこと。でも、ヒコーキのオカネがカカルから、日本にいて、日本のケーキでガマン」(カタカナの部分は、口がパクパクしていて、かつ日本手話のNMSがかかった借用部分)。

この口パクパク型手話の例文だが、〈~は何かといえば〉というのは、日本手話に多く見られる構造で、日本語では「私の夢は~」となる。「フランスにイッテ、とてもおいしいケーキを~」も、日本語では「フランスのおいしいケーキを~」と言うところ。手話の「日本にいて」も手話的な言い方になっている。このように、日本語対応手話のように見えていて、実は、日本手話の口パクパク型だったというのはよくある。

口パクパク型の日本手話が、二〇代前半の若いろう者に多いのは客観的に見ても主観的に見ても事実のようだ。しかし、年を重ねていくうちに、日本語からの借用の度合いが低くなり、洗練された日本手話の話し手になっていく。

話をもとに戻して、「最近の若いろう者は、言葉が乱れている」の嘆きのうち、口パクパク型日本手話については、その心配は不要だろう。ろう学校を卒業した彼らが自分より年長のろう者たちと多くふれあうことで、それまでにインプットされながらも眠っていた言語能力が目覚め、流暢な話し手になっていくのだから。

一方、「言葉（＝手話）の乱れだ」と年配のろう者が嘆いているもう一つの問題、いわゆる「ヘンな手話」については、言語が生き物であり、ヘンな日本語、たとえば、「食べれる」は「食べられる」が本当だとか、「わたし的には〜」は「わたしの場合は〜」だろ！　と嘆いてもどうにもならないのと同様、年配のろう者から「人差し指と小指で数字の一一とはケシカラン」とか「〈オーバー〉という手話のいまどきの使い方、昔はなかったわよ」などと言われながらも、ろう者の間で定着していくのだろう。

（2005年6月13日）

11 テレビ・コマーシャルのワイプ（手話通訳）

テレビのコマーシャルに手話通訳をつけているのはいまのところ東京電力さんだけだ。最近、手話通訳を担当する人が交代したらしく、若いママさんという感じの女性が手話通訳をしている。「できるだけテレビ映えのしたきれいな人で手話通訳のできる人を」という企業側の希望が見ていてわかる。

ワイプ挿入の形で手話通訳が付いているのだが、いつも思うのは「なぜ、手話のネイティブ話者であるろう者を起用しないのだろうか？」だ。

今回の手話通訳の女性も、ぱっと見ただけで明らかに聴者だとわかる。手話がネイティブのそれになっていないからだ。手話の語順も明らかに日本語に対応しているし、一瞥しただけで文法も音韻も不自然だということがわかる。

テレビのコマーシャルの場合は、実際に放送される持ち時間の尺にあわせて何本か用意されていると聞く。コマーシャルの作品は、事前に制作されるのだから、わざわざ聴者を起用しなくてもいいのではないか。

テレビ映えするきれいな女性であることが条件であれば、その条件にあう手話のネイティブ・

サイナー（＝ろう者）を起用すればいいのではないか。そして、放送時間の尺にあわせて、コマーシャルで伝えたいメッセージを手話でダイレクトに放送すればすむことだ。放送テープに吹き込まれた日本語の音声にあわせて通訳するのではなく、コマーシャルで伝えたい日本語によるメッセージを手話に再構築して、尺にあわせて手話をすればいい。

そのほうが手話ユーザーであるろう者にインパクトを与えるし、コマーシャル効果も大になると思う。

ろう者に情報を提供するのは「耳の聞こえる」手話通訳者だけだ、という発想はもう過去のものである。アメリカやヨーロッパの一部では、同時通訳においてさえも、ろう者自身が手話通訳（例：アメリカ手話→国際手話、英語対応手話→アメリカ手話など）を担当することがよくある。やり方は工夫次第でいくらでもできる。

アメリカやヨーロッパにできて、日本にできないのは、おそらく「発想の違い」のためだろう。あるいは、情報を発信・提供するのは「耳の聞こえる人」の仕事、ろう者は提供される側という固定観念にしばられているからかもしれない。

東京電力さんが自社のテレビ・コマーシャルに手話をつける。このこと自体はとてもすばらしいことだと思う。しかし、一歩進んで、ネイティブ・サイナーを起用するということがあたりまえという先駆的な感覚を持ってくれれば、会社のイメージはいっそうアップするに違いない。

（2006年5月1日）

12 半澤啓子さん

半澤啓子さんとの出会いは、一六年前にさかのぼる。

一九九一年に東京・京王プラザホテルで開催されたろう者の国際的な会議（第一一回世界ろう者会議）で彼女のことを初めて知った。

半澤さんはコーダ（ろうの両親のもとで育った聴者）で、腰が低く、笑顔のすてきな女性である。現在はお孫さんもいらして、専門学校の先生もしている現役バリバリの方である。

世界ろう者会議にはボランティアで参加していて、偶然のぞいてみた分科会で、半澤さんが通訳中だった。

国際会議なので、向かって左側には国際手話通訳者が、右側には自国の、つまり日本の手話通訳者が立ち、日本人のろう者であれば右側を、日本の手話を解しない外国のろう者は左側を見ることになる（もちろん各国が自前で手話通訳者を用意している場合は別）。

半澤さんの手話を見たとき、私は衝撃を受けた。いちいち頭の中で日本語に変えなくても、ダイレクトに頭にすんなり入るのだ。

それまで私が見てきた手話通訳者は、シムコム（日本語対応手話含む）で、そのままではメッセージが頭に入らないので、頭の中でいったん、日本語の文章に組み立てるという再構築が必要だった。それなのに、半澤さんの通訳だとそういう再構築は不要で、メッセージがそのまま頭に入り、しかも心地よい。疲れない。私は、その分科会にいる間、半澤さんの、華麗でいて、よくわかる通訳に目を奪われていた。

たまたま一緒にいたスタッフ（聴者）が名前を教えてくれた。宮城県仙台市にいる手話通訳者で、両親がろう者である（当時はコーダという用語が日本に入っていなかった）ということも教えてくれた。

中央が半澤啓子さん。米内山明宏さん（左）、ロブ・ロイさん（オーストラリアのデフ・パフォーマー、右）と一緒に

「半澤さんの通訳、本当にうまいねー」と嘆息すると、そのスタッフは「あら、そう?」とそっけない。彼女に対する評価が、私とは正反対らしいとそのとき気づいた。

世界ろう者会議の一年後、秋田で開かれた全国ろうあ者大会で半澤さんと再会し、仙台の半澤さんの家まで押しかけて泊めてもらった。

「半澤さんは、日本で唯一、日本手話で通訳できる人です」と何度言っても、彼女は首をふり「私の手話は田舎の手話で、都会の人のような手話ではありません」と言うではないか。

今でこそ日本手話で通訳できる人は増えつつあるが、当時は私自身も通訳養成の仕事を始めたばかりで、モデルとなるべき手話通訳者が見つからずにいた。半澤さんこそがモデルに適任と思ったのに、当の本人は自分の手話に自信を持っていなかった。

「私は田舎のろう者と同じような手話をしているのです。世界会議では随分悩みました。東京や京都、大阪の一流の手話通訳者と一緒でいいのだろうか、田舎の手話で通訳していいのだろうかと。実は通訳の大御所といわれるS先生からも言われました。あまりみっともないところをお見せしないようにと。ですから、オーバーなしぐさ、身振りは控えるようにしました。私は、都会の手話通訳者のような通訳はできないのです」

日本手話には独自の文法体系があること、半澤さんは母語として日本手話を習得しており、決して田舎の手話ではないこと、誰も日本手話による通訳を見たことがないから通訳者に対し高い要求を出せずにいること、都会でも半澤さんのような手話を話すろう者は多数いて半澤さんのような手話通訳者の出現を望んでいること、半澤さんのように日本手話で通訳のできる人を私は養成したいということなどを話していくうちに、半澤さんも嬉しそうになり、いろいろなことをポツリポツリ話してくれた。

世界会議のフィナーレで、舞台に立ち並ぶ一流の手話通訳者たちのそばで小さくなっていたら、身なりが田舎臭いお爺さんに「よくわかる手話だったよ、ありがとう」とお礼を言われたこと、ホテルの通訳者控え室にＲＩＤ（全米登録手話通訳者協会）の会長さんがみえられ、「よくわかる手話で通訳をしていますね」と特別に登録認定バッジをくださったことなどである。

「全米登録手話通訳者協会の人も、半澤さんの手話がホンモノだと見抜いていたのだと思うよ」と言うと、半澤さんははにかんで、「少し自信がつきました」と最後まで嬉しそうにしていたのが、今でも印象に残っている。

彼女は、小学校に入っても、音声日本語に苦手意識を持っていたという。

入学したばかりの頃、みかんの絵カードに同級生が大きな声で「みかん」と答えているなか、自分だけ机の下で、手話で〈みかん〉とやったこと。

洋裁をしている家の子なのに「目打ち」もわからないのと親戚の人に言われ、手話ならわかるのにとうつむいてしまったこと。

音声日本語が下手なために、知的な障害があるのではないかと親戚の人たちに疑われたこと。

彼女の言う「田舎の」手話こそが日本手話であり、日本手話が音声言語と同等で複雑な洗練された言語であるということを知った今、彼女は堂々と自分の手話で通訳をするようになった。

勤め先の専門学校でも、間に合わせの声付きの手話でなく、ろう者の言語である日本手話を教えるカリキュラムにすぐに変更するなど、行動はすごく大胆になった。

半澤さんの手話通訳は、残念ながら、わが国の主流と言われる手話通訳者からは正当に評価されていないようだ。

半澤さんは日本手話を母語として習得しているから、言い間違えなどのミスはしてもエラーはしない。つまり、文法的な間違いや音韻的なエラーはおかさないということだ。

しかし、手話通訳で活躍しているコーダたちに対する評価はおしなべて低い。「言っていないことを通訳している、言っていることを通訳していない」という評価である。前者は日本語から手話へ通訳しているときに、後者は手話から日本語に通訳しているときによく言われる。

「日本手話は言語化することを好む言葉、日本語は言語化しないことを好む言葉である」ということをコーダの手話通訳者は直感的に、あるいは経験的に知っている。つまり、彼らは等価訳をきちんと行なっているのに、それがなかなか正当に評価されない。

半澤さんの通訳がきちんと評価されるということは、日本手話は言語であるという認識が社会に広まり、正当に評価され、不当な扱いを受けなくなることの証にもなる。そんな日が一日も早く来ることを祈りたい。

現在、半澤さんは、手話民話の語り手としても活躍中である。「手話語りを楽しむ会」シリーズ（ビデオ、ＤＶＤ）に収録されているので、関心のある方はぜひ観ていただきたい。

（２００５年１月３日）

※ビデオ・ＤＶＤ「手話語りを楽しむ会」シリーズ
株式会社ワールドパイオニアで販売中。オンラインショップ可。（email:wp@wp1.co.jp）

13 コーダの通訳者の不遇①

コーダとは、Children Of Deaf Adults の略で、ろうの成人のもとで生まれ育った子ども。私のようなデフファミリー出身のろう者も、広義には含まれているらしいのだが、一般的にはろうの両親のもとで生まれ育った聴者のことを言う。

コーダは、いわゆる帰国子女と似ている。帰国子女のほとんどはバイリンガル。米国からの帰国子女だったら、日本語と英語のバイリンガルということになる（ただ、バイリンガルといっても、パーフェクト・バイリンガルから片方優位のバイリンガルなど、多様な形のバイリンガルが存在するので一概には言えないが）。

帰国子女の英語を聞く力・話す力は、ネイティブサイナーのそれと同じで、発音も話し方も米国仕込みだから、日本人の英語とはまったく違うらしい。英語を母語とする人（たとえば、アメリカ人）にとって、帰国子女の英語は、日本人の話す英語（ジャパニーズ・イングリッシュ）と違って、快適に聞こえるだろう。それと同じで、コーダの日本手話は、日本手話を母語とするろう者からみれば、音韻・文法・語彙レベルにおいてほとんど誤用がなく、ストレスフリーで会話を楽しめる。

しかし、通訳となると事情が少し変わる。帰国子女が全員すぐれた通訳者になれるわけではないからだ。バイリンガルだから通訳も簡単にできるだろうという思い込みがあるから、帰国子女に対する期待も大きいのかもしれない。

優れた通訳者は、発話されたものの構造的な部分だけでなく、コンテクストに含まれたメッセージの意図をくみとり、通訳しようとする言語において、そのメッセージと等価な意味をもつ文におきかえるという作業を瞬時に行なうことができる（下手な通訳者は、起点・目標言語の両方の文の構造のみにとらわれすぎてメッセージを伝えることができない）。

通訳の訓練を受けていない帰国子女の通訳は、目を覆うばかりだという話を聞いたことがある。たとえば、投資に関するセミナーで、経営や経済に関する専門的な知識がなく、また事前に資料に目を通すなどの、通訳者として必要な事前準備をしていなかったために、日本語・英語のバイリンガルであるにもかかわらず満足な通訳ができなかったというような話である。

一方、帰国子女でない通訳者の場合、英語が母語でないというハンディを背負いつつも、ネイティブ・スピーカーをモデルに、聞く・話す努力を日々続けながら、自分の不得手とするジャンルでの通訳にのぞむ場合は前もって専門書で知識を仕入れたり、英語の単語を確認したりして本番に備えている。いわば、通訳として必要な「企業努力」をしている通訳者は、英語の発音やアクセントが多少下手でも、十分に通訳としての任務を果たしていることになる。

もちろん、帰国子女でも、しっかりした通訳トレーニングを受け、通訳に必要な「企業努力」をしている人はいる。そうした人は英語を母語としない通訳者よりはるかに条件が有利でツヨイ。もともと英語を母語のように操れるのだし、文化の違いをふまえた通訳もうまくできる。

コーダにも当然、通訳として「企業努力」をしている人がいて、優れた通訳として活躍している人はいる。だが、全体的にみるとまだまだ少ないようである。

先ほどの英語の通訳の例とは違って、手話の場合、日本手話でない、日本語対応手話というのが存在していて、それが話をややこしくしているからだ。

私がいる国立身体障害者リハビリテーションセンター学院・手話通訳学科の学生は、入学当初から日本手話を習う。夏休みに入る前までは、ほぼ毎日のように日本手話だけの授業がある。二年目になってようやく日本語から手話への翻訳・通訳トレーニングが始まるが、彼らの日本手話の力は、先ほどの、英語を母語話者としない通訳者の英語の力より少し下という程度だろう。

しかし、地域の手話講座で教えられている手話は、残念ながら、日本手話でないことが多い。そして、ろう者の日本手話を読めない通訳者が多く生まれ、ろう者に通じない日本語対応手話で通訳しているのだ。そして、舞台上にいる対応手話の通訳者にあこがれのまなざしを送りながら、観客席で手を動かしている未来の日本語対応手話通訳者（＝手話学習者）がいるという悪循環……。

悲しいことにコーダの優れた手話通訳が、そうした対応手話の通訳の人や手話学習者、あげくのはてには日本手話のネイティブ・サイナーであるろう者にまで、正当に評価されていないという事態がしばしばあるのだ。これは、先ほどの帰国子女の通訳の問題とは違う意味をもっている。

その例を次回、いくつか紹介したいと思う。

（2005年9月26日）

⑭ コーダの通訳者の不遇②

私が地方で講演をするときは必ず自分専用の通訳者を連れていく。「自分専用」と書くと誤解を招きそうだが、私の話を正確に通訳できる人でないと困るので、とにかく講演を受ける条件として通訳同行を認めてもらうようにしている。

というのも私には苦い経験があるからだ。私が手話で話しているとき、通訳の声は私には聞こえない。だから、私の話がどんな日本語になっているのかその場で知ることはできない。しかし、私は知ってしまったのだ、日本語への通訳がどれほどひどいものになっているかということを。

ある講演先で、私の講演を報告集に載せたいという話があった。地元の通訳者が私の講演を通訳した声をレコーダーに記録してあるので、そのテープから文字化し、掲載したいのだという。

その話に一抹の不安を感じた私は、文字化したものを見せてもらうことにし、講演先を後にした。そして数週間後、文字化されたものが送られてきた。レポート用紙一枚目からあまりにもひどい日本語になっていた。そこで講演のビデオを送ってもらい、こちらで改めて日本語に翻訳しなおしたことがある。

きれいな日本語になっていないのはまだいい方である。日本語が滅茶苦茶な上に私の言ったことがまったく逆のことになっていたり、話の辻褄があわなかったり……。稚拙で文になっていなくて、そして間違いだらけの通訳者の声が、会場のあまり手話のわからない聴者の耳に届いていたかと思うと憤懣やるかたない。以来、私は手話通訳者を連れて行くようにした。

そして、日本手話から日本語への通訳に対して神経質になった。ろう者の発言が通訳によってねじ曲げられたりしたら困るからである（ろう者の人格が通訳者によって貶められるのも我慢がならないが……）。

そうした矢先、コーダの同時通訳の声を文字化したものを見せてもらった。同時通訳という条件の厳しい中、無駄がなく洗練された日本語になっているのに非常に驚いた。

以下、Aは手話のメッセージを正確に理解しているものの、訳出されている日本語がくどい、あるいはまずい例。Bはコーダの通訳者が訳出した日本語例。

【例1】

A　仲居さんが朝食を運んでいたら（廊下に）何も気付かず寝ている彼を見つけ、起こしました。彼は目がさめ、大変驚きました。

B　朝食の準備をしていた仲居さんに起こされ、（彼は）びっくりしました。

例1の手話文は、日本手話でよく使われる行動ロールシフトの入ったもので、Bのような「～されて」という言い方を選択することによって、手話文にある多くの情報が短い訳出文に凝縮されている。

【例2】

A 「困ったね、どうしよう」と主人と相談して、主人と一緒に近所の店に行ってペンキを買うことにしました。

B それで主人とペンキを近所の店で買うことにしました。

日本手話では「移動」に関する動詞がポイントになっている。〈会う〉、〈行く〉、〈引っ越す〉、〈歩く〉……。また、〈相談する〉、〈聞く〉、〈見る〉、〈(スイッチを)入れる〉なども、日本手話では大事な役割を持つ動詞であるが、日本語に訳出するとき、これらの動詞を入れると冗長な日本語の文章になってしまう。

例2の日本手話の文では、〈相談する〉や〈行く〉という語が出てくるが、コーダの通訳者が訳したBの訳文では、これらの語が出てこない。会話引用のロールシフトの部分「困ったね、どうしよう」も、「それで」と通訳することですっきりした日本語にしている。

しかし……地域で手話通訳の養成を担当しているろう者にオリジナルの手話文(ビデオ)と訳出

文を見せたところ、「この人は全然読み取れていない」と言うではないか。

例1では、仲居さんが寝ている彼を見つけるところや何もわからずに寝ているという彼の描写ができていない、例2では、会話引用部分の「困ったね、どうしよう」「主人と相談して」「行って」が抜けているからだという。

日本手話のそういった部分が、Bの訳出文と等価な意味・メッセージを持つのだということをろう者に説明してもなかなか納得してもらえない。というのも、ろう者にとって日本語は外国語のようなもので、日本語のもつ言語的構造をよく理解していないためだと思う。

けれども、日本語を母語とする手話通訳者でさえ、コーダのBのような訳出文を「まとめすぎ」「手話を見落としている」「具体的な描写がない」と言っているのだ。

逆に、日本語から手話への訳出では、「言っていないことまで訳している」「自分勝手な通訳」と言われる始末である。

以上のように、コーダに対する通訳の評価は、全体的に低い。

前項で書いたように、手話通訳の世界では、日本語対応手話とか中間的手話（実は私にとってもその実態はよくわからないのだが）というものが主流になっていて、コーダの通訳の能力が正当に評価されていない（帰国子女の通訳者と同じ通訳上の問題を抱えているコーダもいるが、その問題が見えにくくなっているというのもまた問題だろう）。

手話にまつわる神話……「日本手話には接続詞がない」「テニヲハがない」「主語と目的語を区別する方法がない」「助動詞がない」「受身形がない」「使役がない」「時間軸に沿って表現していくしかない」「細かいニュアンスを伝えられない」などなど。

私だって二〇代前半まで「手話ってできそこないの言葉だ」と思っていた。現在もなお、かつての私と同じ思いを抱いているコーダはたくさんいるだろう。

北欧では、（子どもの）コーダを育てるろう親への教育がプログラム化されている。ろうの親に対しマイナスの見方を持たないコーダの子どもたちは、自分の親が話している手話が好きになるし、ろうや手話、通訳関連の仕事に就こうとする意欲が高まるという。

日本でもこうしたとりくみが急がれるべきだと思うのだが、日本手話の認知度が遅れているせいか、遅々として進まない。これはまた、コーダの通訳について正当に評価できる日がしばらくの間、到来しそうにないということを意味しているのかもしれない。

（２００５年10月3日）

15 （語学としての）手話の本

私は日本手話教育研究会という団体の世話人をしているが、その関係で、アメリカのろう者で手話の先生をしている人から「日本はどうなっているのか」という問い合わせがあったことを知った。そのろう者は、日本でアメリカ手話を教えている。なんとそこの生徒さん（聴者）がアメリカ手話の本を出版してしまったというのだ。この生徒さんのアメリカ手話学習歴は一年くらいである。

その話を聞いたときは思わず目が点になった。手話を一年習っただけで手話の本を出そうということにである。まさに、アンビリーバボーである。でも、手話は簡単に覚えられるというイメージが聴者の間で一般的になっているのなら、驚くに値しないのかもしれない。

一年くらい習っただけで、手話の本を出そうと発想すること自体、手話をちょっと勉強しただけで簡単にマスターできる程度（＝ゴリラやチンパンジーにもわかる程度↓「類人猿は手話を話せるという報道について」二〇二ページ参照）だと、まさに手話をなめている行為だと私は思う。

英語や中国語のような音声言語では、そういうヘンな現象はみられない。音声言語の語学テキストは、その言語のネイティブか、ネイティブのように流暢に話せる（または書ける）人が書いているると思うが、手話に限っては、ろう者の手話をあまり理解できない人にでも書けるのだ。そういう人の手によって作られたテキストを、平気で出版する出版社も問題だが……。

したがって、たいていの手話の本は、間違いだらけで嘘が書かれている。

ある手話のテキストでは、語のレベルで「鶏」の動きの説明の部分で「右手の親指と人差し指をのばし、親指を額にあて、人差し指を曲げる」とあった。

えっ、曲げる？　曲げないで、伸ばしたまま動かすのが正しいのだが。

文レベルでは、「歯医者に診てもらったほうがいいよ」という日本語の例文の下に、聴者がモデルの、手話表現写真が四枚掲載されている。写真は〈歯〉〈医者〉〈行く〉〈いい〉で、写真の横には手話の動きが解説されている。

〈歯〉〈医者〉〈行く〉〈いい〉という手話単語を並べ、その動きの解説だけというテキスト構成になっている。そして、手話の重要な文法であるＮＭＳ（非手指動作）の解説がどこを見てもまったくない。

この四つの語を用いた同じ語順でも、「歯医者に診てもらったほうがいいよ」だけでなく、「歯医者に行ってよかった」「歯医者にかかることはよいことだ」「歯医者に行けばよかった」などのようにＮＭＳによって意味が変わってしまうのに、テキストはまったくそのことにふれていない。

アマゾンで手話の本を検索してみたら、和書だけで三五七点がヒット。楽天ブックスでは三六八点もあった。

一九六三年に京都で初めて手話サークル「みみずく」ができたときは、市販の手話の本はなく、財団法人全日本ろうあ連盟の『わたしたちの手話1』が六年後の一九六九年にようやく刊行。

全国で初めて手話サークルができてから四一年を経た今（二〇〇四年）、ネットで検索しただけで約三六〇点の手話の本がヒットするようになった。ろう者が街中や電車の中で手話をしているとジロジロ見られた、あの時代から考えると、隔世の感があるし、手話の広がりを象徴する出来事として歓迎したいのだが……。

でも、よく見てみると、ろう者自身が手がけた（自らが著者、あるは監修の）手話の本というのは非常に少ない。

一方で、手話ソングや手話歌の本が約三五点もある。手話ソングで手話が上手になると思って購入する人がいるということなんだろうか。そして、この手話ソングや手話歌のテキストの著者のほとんどは、聴者である。

「手話ソングや手話歌の上手な人＝ろう者の手話ができる」とは限らないし、むしろ、手話がまったくできないと考えておいたほうがよさそうだ。それなのに、刊行数が多いのはいったいどういうことなんだろうか。

大きな本屋さんの手話コーナーの前に立つたびに、まさに「悪貨は良貨を駆逐する」さながら、手話の本については「悪書は良書を駆逐する」状態だと感じるのは私だけだろうか。

（2004年8月30日）

16 弾圧？ を受ける地名手話について

私は小さい頃、周囲のろうの大人たちが使っている地名手話〈宇部〉を、自分も同じように何の疑いも持たずに用いていた。この〈宇部〉は手型一（数字の一と同じ）で、接触点は頬。右利きの方は右側にある頬が接触点になる。G手型（G手型の最も典型的な形は数字の1と同じ）で頬になぞるように「×」と書いて〈宇部〉となる。

私が小学校高学年の頃だろうか、ろう協会のイベントがあって宇部の常盤《ときわ》公園に遊びに出かけたときのこと。

イベントに参加していた見知らぬろう者から、父や私の使っている〈宇部〉という手話は「みっともない」から、今後は指文字でやるようにと言われた。そばにいた手話サークルの聴のおばちゃんたちも、大きくうなずいていたのが印象に残っている。

どうして〈宇部〉はダメなのか、よくわかっていなかった私は、帰宅して改めて父に聞いてみた。

「宇部というところは、いわゆるヤーさんがたくさんいたところで、〈宇部〉もヤーさんからきているのだが、地元の人たちはこれを快く思っていないらしい」

私は〈宇部〉が、いわゆるやくざをシンボライズしたものだとは思いもしなかったが、父の「地元の人が快く思っていないから」という説明は一応、納得した。

〈宇部〉だけではない。実は他にもいくつか似たような地名手話がある。

たとえば、〈北海道（アイヌ）〉、〈台湾〉である。

〈北海道〉は、地形を表す現在の〈北海道〉でなく、「アイヌ」が由来の〈北海道〉のほうである。

そして、この「北海道」を意味していたアイヌ由来の手話は、アイヌ自身をさす〈アイヌ〉として生き残ったが※、それも指弾されつつある。

〈アイヌ〉は、口の周りに入れる入れ墨が語源で、入れ墨がシンボライズされた〈アイヌ〉は、アイヌを冒涜するものだとされているのだ。

〈アイヌ〉

私自身の経験になるが、ＮＨＫ子ども手話ウィークリーでアイヌがとりあげられたとき、〈アイヌ〉は使わないようにと番組のディレクターに念をおされた。理由をたずねると、ウタリ協会のアイヌ〈聴者〉が、この〈アイヌ〉に不快感を持っているとのこと。
そのとき、私が疑問に思ったのは、アイヌのろう者も〈アイヌ〉に不快感を持っているのだろうか、アイヌのろう者は自分のことをどう表現しているのだろうか、ということだった。残念ながら、私はアイヌのろう者に会ったことがない。

子ども手話ウィークリーでは、結局、指文字で「アイヌ」とやったが、何だかすっきりしないものを覚えた。

次に、〈台湾〉という地名手話だが、これも〈人間が〉人を喰らった後の人骨という意味があるようだから、使うには不適切な手話だという意見がある。この〈台湾〉の語源はずっと知らないで使ってきたから、この語源の説明に驚いたが、語源というのは絶対的でなく、後からこじつけたものも多い。

台湾と歴史的つながりのある沖縄・宮古島で会った、台湾ろう学校出身のろうのおばちゃまは、この〈台湾〉を使っていたし、台湾で会った台湾のろう者も使っている。そして、さらに台湾ろう協会の会長自身も、この〈台湾〉を用いている。

台湾ろう協会の会長に、〈台湾〉の語源とその利用についてたずねたところ、あっさりと「知っている」とした上で、ふだんから用いているとのこと。

日本のろう者の一部は、この〈台湾〉の手話は、人骨からきているのだから「不快」であり、「人道的」でないからと、その使用を避けるよう主張しているが、当の台湾のろう者自身は日常の生活の中で現在も用いている。

人骨が語源の〈台湾〉を使うことが即、デリカシーに欠けることであり、人道的でないというのだろうか。やくざを語源とする〈宇部〉、アイヌの入れ墨を語源とする〈アイヌ〉と同じように、その利用を禁止すべきだろうか。

〈宇部〉は完全に闇に葬られてしまった。

〈アイヌ〉は、微妙ではあるが、まだ生き続けている。ただし、〈北海道（アイヌ）〉は、地形からきた〈北海道〉に完全に取って代わられた。

〈台湾〉は、台湾の人はもとより世界中のろう者が現在も用いている地名手話である。

そういえば、〈日本〉という手話も、アメリカのろう者の一部からバッシングを受けたことを読者の皆さんはご存知だろうか？

〈日本〉という手話は、日本の地形からきているが、その手話は女性の性器に見えなくもないから、〈日本〉という手話は下品で即刻止めるべきだという意見である。

ちなみに、地形からきている現在の〈日本〉という手話は、実は新しい手話である。人差し指と親指で頬をつまむ動作をするのが、かつての〈日本〉という手話である。この〈日本〉の語源を私は知らないし、なぜ消失したのかも知らない……。

（２００４年７月19日）

※〈アイヌ〉という手話がかつて「北海道」をも意味していたのか、あるいは〈北海道〉が転化して〈アイヌ〉になったのかは不明。

17 手話の語源について①

地域の手話サークルや手話講座と関わりを持つようになったのは、大学二年生の頃。当時、手話の先生をしていたのは聴者で、私を含めろう者は、その手話の先生の下で一緒に手話の指導をしていたという感じである。

ある手話講座で、読み書きがあまりできないろうの女性に、日本語の例文を見せ、手話ではどうやるのと聞いた手話の先生（聴者。以下、手話の先生＝聴者とする）がいた。ろうの女性は、その日本語の例文の意味がわからなかったらしく、結局、手話の単語をつなぎ合わせた感じの、日本語対応手話からみても日本手話からみても変な文になってしまった。すると、先生は笑って「やはり日本語ができないと手話を教えるのは無理みたいね」みたいなことを言うではないか。

その先生は、結局のところ、日本手話とは何か、ということをわかっていなかったのだが、私も私で、そのときに心の中で生じたある違和感について説明できずにいた。

実は現在の仕事に就く前、私自身が講師として一人で手話を教えるという経験はまったくなく、一〇人くらいの手話の先生について助手をしたのみである。地域の手話講座、東京都の専門クラスや通訳養成クラスなどの助手を五～六年ほど経験した。

どの手話の先生にも共通していたことは、手話の語源（手話の成り立ち）の知識の豊富さ。手話の語源を知らないと、手話の先生になれないかのようだ。

確かに、手話の成り立ちを知るのも悪くはないだろう。しかし、手話指導の時間のほとんどが語源の説明に費やされてしまい、その結果、手話学習者も、新出単語が出てきたときに、「語源は何？」と安易にたずねてしまう習慣がついてしまうようだ。

（東日本で主流になっている方の）〈名前〉が、拇印を押すときのしぐさからきているという説明を手話の先生から初めて聞いたときは、そういうものなのかと感心したのだが、〈たとえば〉という手話の語の語源を、ある手話の先生が説明したとき、「これって、ちょっとこじ付けじゃないのかな……」と、語源説明が中心の手話講座のあり方に疑問を持つようになった。

手話の語源の名著『手話の知恵——その語源を中心に』が、一九八七年に刊行されているが、※ろうの先人たちが、手話という言葉をつむぎだす上での知恵を知るという意味では、有意義な本だと思う。語源は一つではなくいくつかの説があるということを著者の大原省三氏が自ら説明している。

大原氏は第一章の中で「……ろうあ者の世界で手話の語源を知らないといっても、これは何もろうあ者の不名誉とはならない。一般の人々が、相撲の『幕内』や『幕下』の区別を知っていても、どうしてこの言葉が生まれたのか知っている人は少ないのと同じである。ところが何故か、ろうあ者の手話ともなれば『知らない』では済まされない」と書いている。

手話の語源の知識があまりないろう者よりは、語源を丁寧に説明してくれる手話の先生のほうを信頼しようとする手話学習者を作り出す、語源中心の手話指導のあり方を嘆き、右のような文章を書かれたのだろうと私は推察する。

大原氏は故人となられたが、手話を教えてもらうときに語源の説明は必要不可欠であるという認識は、いまでも根強く残っているようだ。

すなわち、手話講師としての資質・能力は、手話の語源の知識に比例すると考えられている。手話の先生は、手話の語源についてよく勉強しているし、ろう者以上によく知っている。

手話学習中の人と話をしていると、必ず「今の手話は何？　何？」と聞かれ、それだけならまだしも「えー、そういう意味なんだ！　語源はなーに？」と聞かれるのには、もううんざりだというろう者はたくさんいる。

手話の語源をよく知らないからと、手話の先生になるのを強く辞退するろう者もいるし、ひどいのになると、手話を学習中の聴者から、「手話の語源も知らないの！」と呆れられて、手話サークルに行こうという気持ちが失せてしまったという話もある。

手話学習中の人の立場から言うと、「手話の語源を説明してもらったほうが忘れにくくなる、覚えやすくなる」と言うが、それははたして本当のことだろうか？

次は、手話の語源は手話学習に少しも役に立たないということを書きたいと思う。

（2005年8月1日）

※大原省三『手話の知恵——その語源を中心に』財団法人全日本ろうあ連盟、一九八七年

18 手話の語源について②

今回は、「手話の学習に語源の知識はまったく役に立たない」ことの理由を書きたい。

その際に引用される有名な例が県名の〈秋田〉。〈秋田〉には漢字通りに〈秋〉+〈田〉と表現されるものと、秋田名産の蕗《ふき》からできたものがある。地元の秋田では、後者の〈秋田〉が使われている。

手話講座でこの単語を教えるときは、語源が蕗であることを説明し、なおかつ、利き手の夕手型（国際的な身振りサインとして通用する、「グッド」を意味する親指を立てた手型と同じ）の親指の部分が蕗の茎で、非利き手の手を広げた形のB手型は蕗の葉だという説明が付く。そしてさらに、非利き手の手のひらを上のほうに向け、芯を意味する利き手の親指をまっすぐに上にして手の甲を支えるようにと細かい説明が付く。こうしてでき上がったものは、まさに、蕗を模写したような感じである。

ところが、数年も手話を習っているというのに、ろう者の「私は秋田出身です」という、入門レベルに相当する手話文を読めない、出身の説明をしているということすらわからないという学習者（通訳者も！）もいる。

この「私は秋田出身です」の文、手話では、〈私－生まれ〉、〈秋田〉という構文になっているのだ

〈秋田〉音韻変化の生じたもの

〈秋田〉語源に忠実なもの
手を広げた形が蕗の葉で、親指を立てた部分が蕗の茎

が、ここで表現された〈秋田〉の、非利き手の手のひらは上を向いておらず、利き手のタ手型も、いわゆる「グッド」を横においたようになっており、手話講座で説明された〈秋田〉の形とは違うため、本当に別の手話に見えるらしい。

　手話講座では、〈秋田〉の手話の語源説明のみならず、手の形はああすればいいとかこうすればいいというような説明もつく。〈秋田〉の例では、「非利き手の手は、蕗の葉をイメージしてね。つまり、五指は伸ばして、手のひらは上にしてね。これが蕗の葉ね。それから、利き手の親指を非利き手の甲の下にあてるようにしてくださいね。この親指は蕗の茎ですから、まっすぐにしてね。そして、トントンと手の甲を突き上げるように小さく動かせば、ハイ〈秋田〉ですよ」というふうに。

　実は、このように語源に忠実な形として、手の形や動きを一つひとつきめ細かく設定して教えること自体がすでに間違っているのである。

手話を母語とするろう者は、〈秋田〉の非利き手の手のひらがどこを向いていようと、非利き手の手の甲に利き手の親指の先をあてる動作だけがあれば〈秋田〉とわかるようになっている。

一方、〈名前〉の手話は、手話講座では、この語源が拇印を押す動作からきていることを説明した上で、非利き手の手のひらを正面にむけ、利き手の親指の先を手のひらにあてる動作をすればよいというように教えていると思う。

実は、〈名前〉と〈秋田〉は、（音韻の）ミニマルペアの関係にある。極端な話、利き手の親指をあてる動作の先が手のひらか手の甲か、だけで〈名前〉か〈秋田〉を区別しているのである。手のひらがどこをむいているのかは、ここでは音韻的に重要視されていないのだ。

〈名前〉

つまり、〈秋田〉が手話の語として語彙化される時点で、手のひらの向きの区別が失われ、もとの語源の形からは大きくかけ離れた形になった。

手話の語は、語彙化される時点で、語源に忠実な形は失われることが多い。そのことからも語源に依存した手話学習は無意味であるということがわかると思う。

次回も、読者の体験談や感想も含め、手話の語源に関連したことを少し書きたい。

（2005年8月9日）

⑲ 手話の語源について ③

読者の方から語源に関しての体験談を寄せていただいたので、いくつか紹介したいと思う。

この方は、「原田」という人名の「原」のところを手話の〈腹〉とやるのを見て、「腹」と「原」は違うのになと、当初は違和感を覚えたという。でも、手話になじんだ現在では、「日本語で『原』と『腹』が違うからといって、手話まで別々の表現である必要はなく、手話の〈原〉と〈腹〉が偶然同じ表現だったとしても、それはなんの問題もないことだと思うようになった」という。

似たような例として、人名「片岡」の片は〈肩〉で表現されている。このように、日本語のオトから手話化（手話として語彙化）された時点で、手話の〈片〉はもはや「肩」という意味を持たない。

それでは、実際に「腹」や「肩」のことを手話で言いたい場合はどうするの？　という疑問も出てくると思う。この場合は、体の部位を指し示す際に共起されるＮＭＳ（部位を示すマーカー）が伴っていればＯＫ。

ところで、手話学習者が、何故それほどまでに語源にこだわり、「どうして」としつこいくらいに聞くのかについて、ある読者が自分の仮説をメールしてくださった。

英語なら、『机』は"desk"です」と教わっても、「どうしてdeskって言うんですか」という質問はしないのに、日本手話だと「どうして」と聞いてしまうのは、たぶん、ほとんどの人が間違って思いこんでいること、すなわち「日本の手話は日本語を手の表現に置き換えたもの」という誤解によるのだと思います。ですので、手話初心者は、手話表現が日本語にリンクしていないと、納得できないのだと思います。（中略）逆に、語源を質問して、それが日本語とリンクしていると、「安心できる」のだと思います。

なるほど、この説、非常に的を射ていると思う。手話学習者がその日に習ったことを忘れないよう、日本語とリンクさせて安心するために語源の知識を重要視するのは、学習者の心理として理解できるところではあるけれども、やはり、語源の知識が即、手話を理解できる力に結び付くわけではない。

歴史の年号を覚えるときの語呂合わせ、たとえば、「一一九二（いいくに）つくろう鎌倉幕府」のようなものと同じで、手話の語源を知っておくと、「あれは何だったっけ。そうだ、こんな手話だった」と後で思い出せるから、語源は知っておいたほうがいいという人もいる。

歴史の年号の場合は、引き出しにしまっておいた記憶を呼び起こすのに、語呂合わせは有効かもしれないが、手話の場合はどうだろうか。そもそも、語源を思い出そうとする努力すらできないくらい、その語の形は、説明された語源の形からすでに非常にかけ離れて、原型をとどめていないということもあるのだから、語源の知識が、ろう者との会話をスムーズにさせるということはありえない。

大げさな言い方になるかもしれないが、「語源に依存した手話学習は百害あって一利なし」である。

（2005年8月29日）

PART2

日本手話と日本語対応手話、日本語
——まったく異なる言語

1 深い谷——日本語対応手話と日本手話

私の、ろうの友人の経験を紹介しよう。

役所の障害福祉課で手続きをしようとしたところ、対応した職員がたまたま手話のできる人だった。しかし、その職員の手話はいわゆる対応手話（日本語対応手話）で、顔も無表情。手話の文法を担うＮＭＳ（非手指動作）のほとんどは顔の表情で示されるのだが、顔が無表情であるということはＮＭＳを操れていないということになる。

友人は手話で用件を伝えたが、職員が何を言っているのかよくわからず、もう一度話してもらよう頼むと、露骨にいやな顔をされてしまったという。その職員の態度には、話の通じない人を相手にして、面倒なことになってしまったという思いが、はっきり出ていたとのことだ。

ろう者に通じない手話をしている職員のほうが悪いのに、なぜ、ろう者である自分のほうが低姿勢でいなければいけないのか、抗議しようにも、自分が正しい手話を使っていると錯覚している相手に自分の手話は通じないし、とても悔しかった、とその友人は言っていた。

似たような話はたくさんある。「だから、～でしょ（～でしょう）」をろう者に平気で言う聴者（手話通訳者、手話学習者、ろう学校の先生など）には注意が必要だ。この人たちは、自分の手話のほうに問題があるとは露ほども思っていない。

自分の対応手話が相手（ろう者）に通じていないのに、表面上は通じているようにみえる場合が一番厄介である。

ろう者は、聴者の対応手話を自分の都合（＝解釈）にあわせてメッセージ内容を再構成してしまいがちなので、表面上では通じ合っているように見える。ところが、後になって通じていないことがわかると、「だから、私、言ったでしょ」と文句を言う対応手話の聴者がいる。「だから、私、言ったでしょ」と口にはしなくても、相手（ろう者）の手話能力を疑ったり、低くみてしまったりすることがあるのだ。

日本語対応手話の話者（ほとんどが聴者）と日本手話の話者（ほとんどがろう者）の間に、通じ合っているように見えて実は通じていないという事実。なぜそういうことが起きるのだろうか？

一番目の原因に、日本語対応手話話者が、日本手話の言語的構造を本質的なところで理解していない、ということがあげられるだろう。聴者の手話とろう者の手話は違うのね〜ということは認識していても、深いところで理解しきれていないのだ。

二番目の原因。ろう者側に、聴者に対する過大評価と、対応手話によるメッセージの内容がわからなくてもそのメッセージを自分流に再構成をしてしまうというクセがあるからではないか。相手の言っていることがわからないときに素直に「わからない」と言えない習慣を、長年のろう教育で身に付けさせられてしまったからだ。

つまり、口話教育を受けてきたろう者は、相手の言っていることを少ない情報（口の動きやメッセージが発信されたときの背景など）で解釈せざるをえなかった。メッセージを自分の都合や解釈にあわせて無意識に再構成してしまう習慣を身に付けてしまった。

素直に「わからない」と言おうものなら、先生や親に「わからないの!?」と怒られてしまう。だから、何を言っているのかを、自分なりに少ない情報で解釈するという行為を繰り返してきた。この延長として、対応手話話者に対してもメッセージの再構成が行なわれているのではないか。

深い谷から脱するにはどうしたらよいか？　答えは簡単である。聴者は日本手話を学び、ろう者は自分の都合による対応手話のメッセージ再構成行為を自覚し、それを回避することだ。

しかし、その簡単なことがなかなかできないから、深い谷はいつまでも深い谷のまま……。いや、いつの日か深い谷から脱することができると信じて、これからも私なりにメルマガやブログでメッセージを発信していこう。

（2006年2月27日）

2 聴者は声を付けて手話を話すべき？

私の学校では、入学早々から日本手話漬けとなる。だから、学生たちは手話で話すときに声を付けることはむしろ至難の業だと思っている。日本手話と日本語の言語構造はまったく異なるから、声を付けようとすると手話が思うように出なくなるというのは、当然といえば当然のことである。

しかし、いまだに一部の地域、組織で「聴者は手話をするときは必ず声を付ける」ことが当然という風潮が根強い。

私が都内のある区の手話講習会で日本手話を教えていた頃（まだうら若き？　二〇代前半の話）、その講習会の講師のほとんどが東京都の登録手話通訳者。その一人を仮にAさんとしておこう。手話講習会が終わると、数人の講師を受講生が囲むようにして飲むというのが慣例になっていた。Aさんももちろん一緒である。Aさんと私がいたテーブルでは、手話を習い始めて数ヵ月というBさんと三年目というCさんがいた。Cさんは私から日本手話を習った経験があり、彼なりに日本語対応手話でなく日本手話でというポリシーを持っていた。

しかし、Cさんが日本手話で話そうとすると「（手話の初心者の）Bさんにもわかるように声を付けて話しなさいよ」と、AさんはCさんに注意するのだ。最初から最後まで日本手話で話す私には注意しないのに。

Aさんのような通訳者は「ろう者には声の強制はできないが、聴者には声を出すよう奨励すべきである」と考えている。Aさん自身も手話で話すときは必ず声を付けている。手話に声を付けることで「その場にいるろう者も手話のあまりできない聴者も同時にわかることができる」というのだ。

Aさんは手話通訳歴二〇年以上。それに対しCさんは手話歴三年。Cさんは言い返す術も持たず(もし言い返したら、その組織でやっていけなくなるのだ)、その後はずっとだんまりを決め込んでいた。まるで発言権を奪われたかのように。

そのCさんに代わり、声付きの手話はろう者にはわかりにくいということを忘れていないかと、私がAさんに迫っても、「ろう者は声付きの手話を理解できるよう努力するのが、最大の礼儀にかなうのではないか、声なしの日本手話で言うのは単なるわがまま」と態度を変えようとしない。

これ以上何を言っても無駄だと悟り、早々に切り上げたのを覚えている。現在は、私が住まいを変えたため、地域型活動タイプのAさんと会う機会はほとんどなくなったが、Aさんの、あの尊大な声付きの手話で話すというスタイルは、今も変わっていないのだろうと思う。

手話の初心者Bさんには、確かにCさんと私が日本手話で話しているときは、その内容は理解できないだろう。しかし、語学というのはそういうものなのだ。

Bさんには「日本手話をもっと勉強すれば、Cさんのようにろう者と日本手話で話せるようになるのだ」という夢を持たせたかった。Aさんは、それを「みんなが同時にわかるため」という口実のもと、無残にも砕いた。

日本の聴者のほとんどは母語が日本語である。だから、声を付けて手話をしようとすると、どうしても音声言語である日本語のほうが優勢となり、手話は発話される日本語にあわせて表出されてしまう。

たとえば「今夜の会議だけど、議題はどうする?」と言いたいときに、声付きの手話、つまり、日本語対応手話などのシムコムで表出される手話の単語は〈今日+夜、会議、しかし、議題、何、か?〉となる。一方、日本手話だと〈今日+夜、会議、(NMS=それで)、議題、何?〉。

お気づきだろうか? 日本語では逆接でないときでも「~だけど」「~についてですけれども」と使うが、日本手話の文では〈しかし〉の単語は、逆接文のみに用いられる。そういう意味では英語と似ている。

声付き手話だと、そういった逆接文でないときにも、頻繁に手話単語〈しかし〉が用いられ、見ているろう者は、そのうちに相手が何を言いたいのかわからなくなり混乱してしまう。頭が日本語モードになるが、ローマ字で書かれた日本語を解読する感じにも似て、根気のない私の場合だと数分で疲れてしまう。

九月中旬、実習先に引率に行ったときのこと。学生同士が日本手話で話すのを見た、地元の聞こえる人の良さそうなおばちゃまから、目をくりくりさせて「どうして声を付けないで手話をするの？」と聞かれたという話が実習後の反省会で話題になった。

手話に声を付けて話せば、その場にいるろう者も手話のわからない聴者も、同時にわかることができるというのは、「幻想」でしかない。

（２００４年９月27日）

❸ 声を付けて手話を話すということ

引き続き、今回も声を付けて手話をすることについて考えてみたいと思う。

日本手話と日本語対応手話（シムコム）の違いがわからない人は、手話に声を付けて話すということに何の疑問も持たないかもしれない。日本語を話すそばから、それに対応した手話の単語を付けていけばすむ話なのだから。

だが、声を付けて話すにもかなりのスキルが必要のようだ。たとえば、見ている人がわかるようにと手話の空間活用が推奨される。

たとえば、「コーヒーと紅茶とどちらがよろしいですか」という例文では、比較対象物が何であるのかを明示するために、右側に〈コーヒー〉、左側に〈紅茶〉を置き、〈いい（＝よろしい）〉ではろう者に伝わらないとして〈好き〉におきかえ、〈どっち〉〈好き〉〈～か？〉と単語を並べるというような工夫が求められるのだ。

そうすると、声付きの手話だと、手話をしながら、「コーヒーと……紅茶……と……どちらが好きです……か」というような言い方になってしまう。

日本手話のネイティブ話者の間では、このような工夫はしない。〈コーヒー〉も〈紅茶〉も同じ空間で表出される。そもそも、日本手話を話すのには何の工夫もいらない。学習者が単語を覚えるためにはある程度工夫が必要になるかもしれないが、文法を正確に表現するのに、どこに工夫が必要だというのだろうか。

ここでは日本手話の重要な構成要素の一つであるNMS（非手指動作）が重要になってくる。まず、何と何、といった「〜と〜」にあたる並列のNMSが出る。強調を伴う場合は、強調のNMSも出る。文末ではWH疑問のNMSが出るのは当然のことである。

さらに語順も変わる。日本語対応手話では〈コーヒー、紅茶、どっち、好き、か〉という並び順になる。それに対し、日本手話における自然な語順としては、〈コーヒー、紅茶、好き、どっち?〉である。そして〈好き〉の部分で「〜なのは……」にあたるNMSが表出される。

ろう者は、聴者の日本語対応手話のことをしばしば「聴者的手話」と揶揄する。「顔の表情が足りない」「気持ちがこもっていない」というとき、実はそれは手話の文法であるNMSが備わっていないということを意味する。

聴者が手話を話すときに声を付けるということは、手話の文法が損なわれるだけでなく、言語行動の規範も日本語のそれとなる。たとえば、ろう者に話しかけるときに「ちょっとすみませんがー」「あのー」と言ってしまったり、文中に「えー」や「あの」「それで……」がポンポン出てきたりするのだ。

ろう者は、聴者の「あのー」という話しかけの時点で、「あ、ろう者的手話（＝日本手話）があまりできない人だな」と見抜いてしまう。この「あのー」に触発され、聴者にあわせた日本語対応手話モードにコードスイッチングしてしまうろう者もいる。

手話のわからない聴者と（その場を）わかりあえるために「聴者は手話に声を付けて話すべきだ」という主張の是非については、前回も簡単に書いた。それに対し、読者（ろう者）から、「あなたの声はきれい。だから、手話をするときも声を出したほうがいいと、ろう者に意見する手話通訳者や手話サークルの人がいるのですが……」と読者の方からメールがあった。

きれいな声を出せるのだから、声を出さずに手話をするのはもったいないこと。発声（発話）が下手にならないためにも、手話で話すときにも意識して声を出すようにしたらどうか、といったようなことは私も以前、言われたことがある。

手話は音声言語の補助的手段であると考えているのは、日本手話が日本語とは異なる別個の言語であるという視点がすっぽり抜け落ちているという証拠にもなろう。

さらには、ろう者が聴者のように（きれいな声で）話すことを強制されるという点において、すでにろう者を抑圧しているということになる。ここでいうきれいな声とは、オペラやソプラノ歌手のような「きれいな声」をさすのでなく、聴者と同じように「話せる」ことを言うのだ。

ろう者の良き理解者であると期待されている、手話通訳者や手話サークルの人までがろう学校の先生や言語聴覚士と同じようなことを言うのは非常に悲しいことだ。

（２００４年10月４日）

4 サイレント・シムコム

数年前のことだが、ある県の手話通訳者による組織が自分たちの機関紙に「聴者が声ナシで手話をした場合、日本語への通訳はしません」という主旨の宣言を出した。

一九九五年の「ろう文化宣言」以来、日本手話を学び、日本手話で話そうとする聴者が増えた。講演会における質疑応答などのような公の場でも、日本手話で話そうとする気運が高まっていた時期に「聴者の声ナシ手話は通訳せず」という宣言が出たのである。

聴者は何か発言するときは、必ず声を付けること。これは現在もなお、暗黙の、当然の了解事項になっている。

たとえば、あるろう者の大会の分科会に記録員として配置された手話通訳学科の学生が、ろうの司会に促されて自己紹介をしたところ、通訳者から「声を出して！」と言われたことがある。

私の同僚の市田先生のように、学会レベルでも日本手話で発表するという聴者は、残念ながら日本ではまだ非常に珍しい存在。全国規模の手話通訳関係の大会では、声に手話を付けるのは当たり前のことだが、市田先生のような大人物になると周囲も遠慮するのか（？）声を付けてとは言わなくなるらしい。

ただ、チョット困った問題も出てくる。声なし手話＝日本手話、とは限らないからだ。声を付けなくても「声アリ手話」つまり日本語対応手話に見えてしまうこともある。いわゆるサイレント・シムコムである。そして、そのサイレント・シムコムを話している聴者本人が「日本手話」で話しているツモリになっているのだから、ちょっと始末におえない。

ＮＨＫ手話ニュースでは、聴者キャスターは声を付けて手話をすることが原則となっている。何度か意見を述べた結果、二〇〇三年四月よりショートニュースに限って、アナウンサーが原稿を読み、聴者の手話キャスターは手話だけになったことをご存知だろうか。

そして、声アリ手話と声ナシ手話で表現に一番大きく差が出たのはコーダの田中清《きよ》さん（写真）。田中さんは日本語と日本手話のバイリンガル話者であるから、声アリと声ナシとでは全然違うのは当然のこと。

田中　清さん

だが、悲しきかな、単純に声を付けなければ日本手話になると思い込んでいる手話学習者や手話通訳者がいまだにいるようだ。

話をもとに戻して、「声ナシ手話には通訳を付けず」という宣言自体絶対オカシイと思うが、その手話がサイレント・シムコムだったら「声を付けてよ」と言いたくなる手話通訳者の心情もわかる。

「日本手話と日本語対応手話の違いって何ですか？」と最近よく聞かれる。セオリー通りに言うのならば、「日本手話はろう者の自然言語で、日本語対応手話は大雑把にいえば日本語の語順にあわせて手話を付けたものです」と答えることにしているのだが、相手はなかなか納得してくれない。最近はチョット面倒になってきて、「ラテン語を知っていれば、正しいラテン語とそうでないラテン語を見わけられますよね、それと同じで、日本手話を知っていれば、日本手話か日本語対応手話かを見わけられますよ」と言うことにしている。

サイレントであろうがなかろうが、同じシムコム（対応手話）でも、聴者の場合は「声」に手話を付けた感じ、ろう者は「手話」に声を付けた感じになってしまう。つまり、前者は手話に必要な要素がたくさん抜け落ち、日本語が優勢になってしまって、ろう者にはわかりにくくなっている。後者だと手話に必要な要素（たとえば、非手指副詞などのＮＭＳ）がけっこう生き残っている。

いずれにせよ、シムコム（日本語対応手話）はろう者にわかりにくいシステムであることに変わりない。

ただ、声ナシ手話（＝サイレント・シムコム）が日本手話なのだという思い込みだけはナシにしてもらいたい。

（２００４年10月11日）

5 なぜ日本語対応手話のほうがエラく見えるのか？

三回にわたってシムコムの話になったが、今回もシムコムにまつわる個人的な話をしたい。

私自身、一九歳で上京したときから、手話のわかる（程度は問わない）聴者には声を付けた日本語対応手話、すなわちシムコムを、ろう者には日本手話と、自然に何の疑問も持たずにコードスイッチングをしていた。

手話のわからない人にはできるだけ声で話し、通じないときは筆談で、というやり方をとっていて、結局筆談になることが多かった。大学時代の先生や同級生、学生寮の同室の人などに、である。口話法による教育をどっぷりと受けてきたためか、初対面の人（聴者）に手話でというのは到底考えられなかった。

日常生活では、もちろん手話を解しない人々に接することが多い。レジの人、薬局の人、駅員、タクシーの運転手……そういう人々には声で話しかけてみて通じるようだったらそのまま声で、そうでないときは自分からメモを取り出して筆談という手順だったが、通じないときのほうが多かった。

そして、手話のわかる聴者には声を出しながら手話をした。手話サークルなどの集まりでは当然声付きのシムコムになるし、手話サークルや地域の登録手話通訳者団体から講演を頼まれたときは、意識しないと途中で声が消えてしまう（それは日本手話にスイッチングしかけるという意味でもある）ので、注意して声を出し続けるようにしたものである。

当時の私はなぜシムコムを使ったのか。

それはシムコムを使っているほうが、スマートで知的に見えたからである。両親や両親のところに遊びにやって来るろう者が使うような手話は、教養に欠けた人々が使うものであって、日本語ができて、教養のあるろう者はシムコムで話すべきだと思い込んでいた。また、そういう時代が到来すると信じてもいた。

学生時代は、聴覚障害を持つ学生の団体のリーダーになった。私の周囲にはインテグレーションした学生ばかり。聞こえないということすら受け入れられず、したがって手話（＝シムコム）も使おうともしない学生がいる。私のよく知っているタイプのろう者は、そこにはいなかった。活動は二年くらい続けたが、ある種の居心地の悪さを覚え、地域のろう協会活動のほうに熱心になった。

その当時の強烈で忘れられない思い出がある。

夏休みで帰省したときのこと。両親のおしゃべり仲間が実家に集まっていて、私の手話をこう評した。

「あれま、見ないうちに、すっかり東京の手話になったねえ」

彼らの言う「東京の手話」は、すなわち日本語対応手話のことだ。

言われた当初は、東京の生活で、田舎とは違った垢抜けた手話になったのかなと思ったりしたのだか、続きのフレーズが「大学に行っていて、頭もいいからね、手話もね、東京のになってしまうんだわ」。

「東京でも、あなたたちみたいな手話の話し手は、たくさんいますよ」と私は言いたかった。しかし、それより以前に私の手話が、両親のそれとは違うもの、つまりろう者の手話とは違うものと評価され、なぜか疎外感を覚える自分に戸惑いを感じた。

シムコムは教養のあるろう者の用いる言葉なのだから、彼らが下した評価は自分の優越感を満たすものであり、喜んでしかるべきなのに、アレルギー反応を示す自分はなんなのだと自問自答した。

シムコムが教養のある言葉だと心の底から信じていたわけではなかったということに、気づいた瞬間でもあった。本当は、シムコムは間に合わせの、その場しのぎのコミュニケーション手段でしかないということに気づいていたのだ。

日本手話で得られるある種の達成感や充足感には気づかないふりをし、シムコムだと自分の考えをうまく伝えきれないもどかしさ、相手のシムコムを読解するのに眼精疲労を感じるくらいの大変さがあることには自ら目をつむり、シムコムがろう者と聴者の間の架け橋となる立派なコミュニケーション手段になりうるのだと言い聞かせてきた。

私は長い間、シムコムは解読に骨の折れる手段であるからこそ、解読できる人が日本語のできるいわゆる頭の切れる、エリートなのだと自分に言い聞かせていたのだ。

「シムコムはもう使うまい」と決心したのは、「東京の手話」事件からしばらく経ってのことである。一九九一年、東京で世界ろう者会議が催された。京王プラザホテルをメイン会場に、国内からは六〇〇〇人、海外からは一〇〇〇人の関係者が参加し、盛大な大会となった。私はボランティアとして約一〇日間、大会の裏方をつとめたが、当時、NHK「みんなの手話」に講師として出演していたこともあって、大会に参加していたろう者から握手を求められることがたびたびあった。ろう者は異口同音に「手話がうまいね、通訳者なのに」「テレビに出ているくらいなのだから難聴者でしょ」と私に言うのだ。

「みんなの手話」では、日本手話は学習者（視聴者）には難しすぎるという理由で、初めからシムコムを取り上げていたため、私もシムコムでモデル文を提示していた。そんな私を見てろう者は手話通訳者か難聴者と思い込んでいたらしい。

「私はろう者ですよ」と日本手話で話すと、その次にくるのは「あなたは頭がイイね〜」である。ろう者の間では、「シムコム話者＝頭のイイ人＝日本語のできる人」という構図が成り立っている。何を言っているのかわからない、話の内容がわからないと文句を言いながらも、頭がいいからシムコムを使うのは仕方がないという結論に落ち着くのである。

「音声言語を獲得することは、社会人として立つ——したがって一般に人間として生きるための一要件となつているわけです。聾唖も言語を学ぶ必要があるのは、そのためで、世間に立つためには、『手話』では役に立ちませんし、それだけでは文化社会の生活から除外されることになります。日本人として日本語を習得していなくては、日本の国民たる資格がないともいへませう※」

これは佐久間鼎《さくまかなえ》が一九四二年に「聾唖の心理」『日本語のために』に書いた一節であるが、現在も、その考えは、聴者主導のろう教育の支柱になっているのではないだろうか?

そして、読者（ろう者）からいただいたメールも核心をついていると思うので、最後に原文のまま紹介したい。

日本のろう者の全国的組織の幹部の人が日本語対応手話で喋っていることで私たちのろう者に大きく影響を与えていることは間違いないのです。なぜか言いますと、日本語対応手話通訳（?）、手話学習者（日本語対応手話）が見ている限りは日本語対応手話が上手に使っているろう者、手話通訳者は「頭が切れる人」「運動ができる人」だと思っている人が非常に多いのです。逆に私たちみたいネィテイブな手話を使っているろう者、通訳者などは「できない人」「能力ない」と見てしまっているのが現状です。

（2004年10月18日）

※安田敏朗『日本語学は科学か——佐久間鼎とその時代』三元社、二〇〇四年より引用。

⑥ あの米内山さんが言った⁉「聴者がろう者に手話を教えるべきだ」

米内山明宏《よないやまあきひろ》さんは、現在、有限会社手話文化村の代表をされているが、ろう演劇界の重鎮でもあり、日本手話の必要性を常に最前線で訴え続けてきている。

その米内山さんが、ある講演先で「聴者がろう者に手話を教えるべきだ」と話したという話が耳に（目に？）入ってきたときは、「まさか！」であった。何かの間違いではないのかと思う私に、その話を伝え聞いたというろうの友人は「私もうっそーと思ったんだけど、やはり手話は聴者がろう者に教えるべきっていう話をしていたらしいよ」と、悲壮な顔をして語る。

日本語対応手話が手話講座の主流になったのも、手話を教える人が日本手話のできない聴者であることが多いためという認識のもと、米内山さんも含め、日本手話の母語話者であるろう者が語学教授法を学び、手話を語学教育の一環として教えようという運動を展開させてきた。だから、この話が事実だとすると、言い方は大げさになるが、米内山さんはろう社会の裏切り者となる。

しかも、手話の話し手であるろう者に、聴者が手話を教えるなんて、どういうことなんだ！　とちょっと「お怒りモード」になったが、あの米内山さんが自分を侮辱するような言い方をするはずがないと心を落ち着けさせて、「その話は誰から聞いたの？」とその友人に聞いてみた。

すると、手話サークルに行っている聴者から聞いた話であることが判明。さらにその聴者の手話学習歴は二年くらいだという。

「もしかして、その人、米内山さんの手話ではなくて、通訳の人の話を聞いていたのでは？」と言う私に、友人も私の意図に気づいたようで、「もしかして、通訳の問題？」という話になった。

そして、何かの会合で米内山さんに会う機会があったとき、「先日の○○市の講演で、聴者がろう者に手話を教えるべきだ、というような話をされたと聞いたのだけど、それって本当？」とふってみると、米内山さんは「えっ、私が？　いや、ろう者が教えるべきだと言ったはずだけど……」と目を白黒させるではないか。

やはり、通訳のせいかもしれないと思いつつ、そのときの話をもう一度、再現してもらった。

〈聴者／neg，ろう者，手話／教える／必要〉

という手話文であった。直訳すると、「聴者ではなくて、ろう者が手話を教えるべきである」となる。その手話文を、手話通訳者は「聴者が、ろう者に手話を教えるべきである」と訳したのだ。

どうしてそういうことになったのか？　それは、文法の一つであるＮＭＳ（非手指動作）のneg（否定）が目に入らなかったためで、negの部分をすっ飛ばすと、まさに「聴者がろう者に手話を教えるべきである」という文になってしまう。

NMSによる文法を見分ける目をもたなかったなら、なぜ、せめて「聴者とろう者が、手話を教えるべきである」にしてくれなかったのか？

同じ語順でも、NMSによって意味が異なってくる。〈聴者〉と〈ろう者〉の部分に並列のNMSがあった場合は「聴者とろう者が」になる。

〈聴者／ろう者／、／手話／教える／必要〉（聴者とろう者が手話を教えるべきである）

〈ろう者〉に目的格のNMSがあり、述部の部分が〈rs 聴者〉（聴者にロールシフト）していたなら、「聴者はろう者に手話を教えるべきである」になり、逆に〈聴者〉に目的格のNMSがあり、述部の部分が〈rs ろう者〉（ろう者にロールシフト）していたなら「聴者にろう者は手話を教えるべきである」という手話文になる。

それにしても、くだんの手話通訳者、米内山さんの名誉を棄損したことにならないのか？

手話をあまり読めない聞き手に対して、「へー、手話って、やはり、聴者が（考案して）ろう者に広めていくものなんだね。米内山さんがそう言ったよ」という誤解を与えてしまったのだから。

（2005年4月25日）

❼「ウィスキー」が「スキー」？

先日、あるろうの講師が入門の受講生を対象に手話を教えていたときのこと。そのときの講座のテーマは「お酒」。

お酒の種類、ビンや缶などのCL表現の仕方、飲む回数（頻度）、どこで誰と一緒に飲むか、飲むとどうなるか、といった内容を手話で話せるように指導していた。

お酒の種類はいろいろある。日本酒、ビール（ビン、缶、ジョッキ）、ワイン、ウィスキー、焼酎、サワー、ブランデー、ウオッカ……。

彼はホワイトボードにイラストを書き、一つひとつ手話を教えていった。

〈焼酎〉は、野菜や色と同様、地方によって手話が異なる。食物や生活に密着した語ほど標準化せず、地域の手話がいまだに使われているということだろう。

一方、「ウィスキー」のような舶来品（いまではこういう言い方はしなくなったけれど）を示す語の場合も地域差、年代差が激しい。

私の父の場合は〈西洋＋酒〉である。

大学進学のため上京した二〇年前の頃、東京では「ウィスキー」をウインタースポーツの〈スキー〉とするろう者がたくさんいた。初めてその手話を見たときは、ちょっとびっくりしたが、なるほどそういう言い方もあるのか、と特に違和感は持たなかった。しかし、手話学習者や手話通訳者は、「ウィスキー」と「スキー」を一緒にするなんてと否定的にとらえているようだ。

日本手話における、このような造語例を他にも挙げてみよう。たとえば、ファミリーレストラン〈デニーズ〉、電機メーカーの〈シャープ〉などがある。

ファミリーレストラン「デニーズ」は、〈テニス〉もしくは〈ディズニー〉である。

数人のろう者と聴者がちょっとした打ち合わせを終えた後、〈テニス〉に行こうという話になった。たまたま前に同じ顔ぶれでテニスをしたこともあって、聴者は「こんな遅い時間にテニス?」といぶかしく思いながらもテニスにつきあうことにした。テニスコートに車で行ってみたら誰もいない。しばらく待ってみても分乗していった他のろうの仲間たちはいっこうにこない。一方、デニーズに行ったろう者たちは、ついに来なかった聴者はすでに帰宅したものと思い込んでいた、と笑うに笑えない話がある。

電機メーカー「シャープ」は、〈ジャンプ〉。飛ぶの〈ジャンプ〉である。

さて、話をもとに戻して、手話講座のろう講師も「ウィスキー」を〈スキー〉でやった。この講座では、直接教授法の一つであるナチュラルアプローチという方法で教えているため、語源についての説明は一切ない。初めからナチュラルアプローチで教わっている受講生は、手話の語源にはあまりこだわらず、示された単語を次から次へと覚えていく。受講生のほとんどはこの〈スキー〉を自然体で受け入れている。

〈スキー（ウィスキー）〉や〈テニス（デニーズ）〉のような、日本語の口型から造語された手話の語があるということは、「日本語を排した純粋な日本手話」という観点からすれば許されないことなのだろうか？

私の答えは、これらの語がすでに語彙化されているという意味において、ノーである。そして、日本語の干渉を一切受けない日本手話も、またあり得ないということも付け足しておこう。

（2005年2月21日）

8 語彙〈かまわない〉

手話の入門講座で必ず紹介される手話単語〈かまわない〉。どこの会社のコマーシャルだったか忘れたが、「コレで会社を辞めました」というフレーズと一緒に使われたサイン。日本社会では「女」を意味するサインであるが、そのサインの手型を使う。この手型を便宜上、イ手型としておく。イ手型の小指をあごにあてる動作を二回反復させるこの〈かまわない〉という語、実はろう文化・聴文化の摩擦、あつれきの原因を生み出す魔性の言葉なのである。

一般的な手話講座では、手話単語に日本語の単語を当てはめて教えている。日本手話と日本語の語彙体系はまったく違うというのに、安易に日本語に対応させて教えている。

〈かまわない〉という語もそうで、一応、日本語の「かまいません」「結構です」「いいです」という意味で使いますよ、と教えている。

日本語の「結構です」は英語のNo, thank youの感じに似ている。「結構な〜」だったら、excellentあるいはnice、「結構な味」だったらdeliciousになる。同じ「結構」でも使われ方が全然違う。

「結構な味だ」ということを言いたいときに、〈かまわない〉は使えない。〈味＋ベスト〉、〈旨い〉、〈美味しい〉、〈味＋ＯＫ〉などを用いる。

そして難しいのが日本語の「いいです」。この使われ方が日本手話と日本語とでまったく違う。いくつか会話例を挙げてみよう。

【忙しそうにしているBさんにAさんが手伝おうとして手話で話しかける場面】

A：手伝いましょうか。

B：〈あ、かまわない〉

日本手話では「じゃ、よろしくお願いします」という意味で使われているのだ。手話学習者の〈かまわない〉を額面通りにとらえていたら、「何よ！　この人、手伝ってあげようと思っているのに」とムッとしてしまうだろう。あるいは、もう結構ですという意味に間違えてしまうかもしれない。手伝ってもらわなくても大丈夫だということを、日本手話で言いたいときは、否定語〈丁寧さを含む否定〉を用いた後、〈必要ない〉という語を用いる。あるいは、同じ否定語を用いた後、大丈夫という意味で〈かまわない〉を使う。

【家に遊びにおいでと誘う場面】

A：今度の日曜日、私の家にこない？

B：〈はい、かまわない〉

これはどうだろう？　ちょっと、なんだかオカシイ。

誘われている立場にある人が「行ってもかまわない」と言うのはオカシイ。だから、日本語では「いいの？」とか「ほんと？　ありがとう」と言ったりする。ところが手話では〈かまわない〉を用いるのだ。これには「ええ、喜んで」という意味が含まれている。

ところが、このろう者の〈かまわない〉の使い方を手話通訳や手話学習中の聴者がよく会得していないために、往々にしてろう者は「非常識な」「尊大な」「生意気な」「礼節のない」人だと思われることがある。

手話の〈かまわない〉と日本語の「かまわない」「いいです」「結構です」は、使われ方がまったく異なる。

ろう者も聴者もお互いに手話で〈かまわない〉を連発しているが、その語の裏に隠された本当の使われ方を知らないと、一例ではあるが、聴者はろう者にありもしない責任の所在を追及され気持ちが悪くなるし、ろう者は聴者の「確認しない」「煮え切らない」「報告しない」態度にイラつくということになる。

手話を勉強するときに、手話を日本語の単語に置き換えるだけだと思っていると、文化摩擦という大きな落とし穴に落ちることになる。そうならないためには、日本手話と日本語はまったく別の語彙体系を有するということをふまえて、一つひとつの語の運用方法をよく理解することだと思う。

それだけに手話を教えるというのは責任重大な仕事でもあるのだ。


（２００４年12月13日）

9 慣用句〈目が安い〉

慣用句というのは、二つの語から構成され、句全体の意味がもともとの語の意味とは異なる使われ方をする語。日本語では「足を洗う」「骨を折る」「油を売る」などがある。

たとえば、「田植えの後、足を洗う」なら、文面通りに足を洗っている意味だが、「ヤクザ稼業から足を洗う」なら「ヤクザをやめて堅気になる」という意味になる。

同じく日本語の「目が高い」は、鑑識眼がすぐれている、目が利くという意味で使われ、「さすが、お目が高い」などと言う。

日本手話には〈目が高い〉と〈目が安い〉という慣用句がある。

用法例を挙げておこう。

・隣に座っている女性が妊婦だったことに気づかなかった私は〈目が安い〉。

・嘘をついていることに気づいた友人は〈目が高い〉。〈目が安い〉私は友人の嘘を最後まで見抜けなかった。

・地図を片手にウロウロ、まさか目の前が私の探していた場所とは、ほんとに〈目が安くて〉情けない。

・落としたコンタクトレンズを探して一時間。友人は一分もしないうちに床に落ちていたレンズを拾い上げた。〈目が高い〉友人に感謝。

この用法例でおわかりかと思うが、日本手話の〈目が高い〉は、よく気づく、観察力がある、目ざとい、敏感などといった意味に使われ、〈目が安い〉は、鈍感、注意力が足りないなどという意味に使われている。

このように、日本手話には、日本語の「目が高い」とはまったく違う使われ方をしている〈目が高い〉と、日本語にない慣用句〈目が安い〉が存在する。

手話通訳者や、手話を教えている聴者が、この用法をまったく知らないでいるのはまだいい方だ。「ろう者は日本語の知識が不足しているために元の用法を間違えて使い、それが定着してしまっている」と手話指導者（聴者）は言い、「ろう者が間違えた用法で手話をしたときは、通訳時には丁寧な日本語に直してあげないといけない」という手話通訳者が残念ながらいる。

「〈目が安い〉という手話をするろう者がいますが、『目が安い』という言い方はないということを教えてあげてください」という具合に。

日本語を引用するときに、日本語の元の意味を間違えることはあるかもしれないが、日本手話の〈目が高い〉のような慣用句は、それ自体が日本語のそれとは異なっているだけに過ぎない。

さて、ここで英語の文例。

It rains cats and dogs.

えっ、猫（cat）と犬（dog）の雨が降る（rain）？

でも、日本人は、英語が間違っているとは思わない（正解は「ひどい土砂降りだ」という意味）。

けれども、日本語と似ている手話の慣用句（あるいは慣用的表現）や見慣れない手話については、自分のほうが知らない（あるいは間違っている）とは思わずに、手話が間違っていると決め付けてしまう。

手話は言語であると言われながらも、いまだに不当な扱いを受けているのだ。

（2004年12月27日）

10 〈必要ない〉

〈必要ない〉は、利用頻度の高い単語である。そして、〈かまわない〉と同様、日本語のそれとは、意味範囲が大きく異なる語の一つに挙げられるだろう。

ナチュラルアプローチによる手話講座で、手話の初心者に〈必要ない〉を意識して導入するのは、シラバス「朝食」のときである。

「朝ごはんを食べているかどうか」という質問に対して、日本語話者だったら、「食べていない」「朝ごはんはとらない」「朝食を抜くことが多い」などと答えるが、手話話者だったら「朝ごはん、〈必要ない〉」となる。

日本語の「必要ない」は、「〜しなくてもよい」という意味合いで使われることが多いためか、手話話者の「朝ごはん、〈必要ない〉」は、「朝ごはんは食べなくてもよい」と解釈してしまう。

手話経験者（＝聴者）はこの「朝ごはん、〈必要ない〉」の言い方に抵抗感があるらしく、「いらないと言わないでください。朝ごはん、大事です」と言ってくる人もいる。

そして、次のコンテクストで、手話学習者はようやく〈必要ない〉が日本語とはどうも違うらしいと気づく。

つまり、「家では、朝ごはん〈必要ない〉だけど、会社の近くのドトールで朝食をとることにしている」(=朝食は家でなく会社近くのドトールで)におけるコンテクストで、「家では朝ごはんは食べないけれど……」ということがわかる。

「私はコーヒーに砂糖は〈必要ない〉なの」も、「砂糖は入れない」という意味で使われている。

しかし、次のような場面では、手話学習者は、自分の存在意義を疑うことになって大いに悩むことになるだろう。

【場面:キャンプの実行委員会で、出産を控えたスタッフが赤ちゃん連れでキャンプに出たいと言ったとき】

スタッフA:赤ちゃんを出産して三ヵ月目くらいだから、キャンプに出られるかなーと思うけど。

スタッフB:えー、来る〈必要ない〉よ! 三ヵ月の赤ちゃんと一緒にお出かけは無理だと思うよ。

この〈必要ない〉よ! は、「無理して来ることないよ」という意味であるが、手話学習者は「来る必要はないよ」とか、「こなくてもいいよ」と解釈してしまうようだ。

【場面:風邪を引き、熱も出てきたが、会議が数時間後に迫っているとき】

A:熱が出てきて、ちょっと具合悪くて、会議を欠席しようと思うんですが……(日本語話者だったら、「会議を欠席しようと思う……」の部分は言わない。「具合が悪くて……」で終わらせる)。

B：だったら、会議に出る〈必要ない〉から、早く帰りなさい。明日も調子が悪そうだったら、会社に出る〈必要ない〉から。

A：わかりました。ありがとうございます。

これも「会議に出なくてもいいから」と、「無理して出社しなくてもいいよ」という意味で使われている。ところが、同じシチュエーションで手話学習者は、「会議に出る必要はないから」、「出社する必要はないから」と解釈し、自分はそんなに戦力外の存在だったのかと、自らの存在意義を疑う事態になりかねない。

そして、さらに……。

何かしてあげよう（「手伝いましょうか」「私が借りてきましょうか」「聞いてみましょうか」）と相手にふってみたら、〈必要ない〉と返ってきて、ショックを受けたという手話学習者は多いのではないだろうか。

【場面：これから始まる会議の準備のために忙しくしているBさんに、コピーの手伝いをしようと思って……】

A：コピーをしてきましょうか？

B：いいよ、〈必要ない〉から。

手話学習者の解釈は二通りに別れるだろう。

①コピーをする必要がないから、しなくてもいいよ

②あなたがコピーをする必要はない（自分がする）から。

②のほうに解釈した人は、大変なショックを受けるかもしれない。あるいはBさんのことを、なんて冷たい言い方をする人と思うかもしれない。かといって①が正解ともいえない。

正解は、「あ、コピーは大丈夫です」。

「手伝いましょうか」「私が借りてきましょうか」「聞いてみましょうか」に対して〈必要ない〉が返ってきた場合は、「手伝う必要はない」「借りてくる必要はない」「聞く必要はない」ではなく、いずれも「大丈夫です」という意味なのだ。

手話の〈必要ない〉の使われ方は、もちろん、これ以外にもいろいろある。今回はその一部を紹介した。そして、それが手話学習者の間で軋轢を起こしやすい語であるということも。

手話学習者は、手話の単語を、自分の言語（＝日本語）の語彙がもつ意味範囲にあてはめて理解しようとしないでほしい。手話を手話のまま受け入れて、手話の単語がもつ意味の世界を泳いでいってほしい。

（２００５年７月18日）

11「携帯は流されました」と「携帯を流されました」の違い

先日、ろう者向けの日本語講座で、「携帯はトイレで流されました」と「携帯をトイレで流されました」の違いを日本手話で説明した。

さて、ろう学校の先生は、この違いを、ろうの子どもたちにきちんと説明できているのだろうか？　聴覚口話法や日本語対応手話の先生は、どうやってこの違いを説明しているのだろうか？

私は、口話法でろう教育を受けてきた。ろう学校の「国語」の時間では、教科書を読むことに重点がおかれていたように思う。同級生は私を入れて三人。

教科書を手に背を伸ばして立ち、教科書を音読。発音がおかしいとその場で矯正させられ、大きく声を出すように言われ、漢字の読みがわからないと怒られる、そんな繰り返しだったように思う。

他の生徒が音読している間、座っている私たちは、音読している生徒の口元をチラチラと見ながら、また、その生徒の、教科書に向けた視線の先を見ながら、教科書のどの部分が読まれているのかを確認しようとするのだが、なかなかうまくいかない。だから、最後には適当に教科書を読んでいるふりをすることになる。

話をもとに戻して、あるろう者が書いた「昨日、携帯は市民センターのトイレで流され、戻らなくなりましたので、新しい携帯を買いました」という文がある。

この文のどこがおかしいか、日本語講座のろうの受講生に聞いてみると、「おかしいところって？　特にないと思うけど……」という答えが返ってきた。

「携帯は～流された」という文でなくて、「携帯を～流された」という文が適切なこと、「戻らなくなりました」という部分は不要であるということを説明すると、どうしてと言わんばかりの顔をしている。

被害を受けたのが、自分であることを言いたい場合は、「（私は）携帯を流された」のほうが適切であるということ、「流された」からには、「戻らなくなった」という文はわざわざ書く必要がないということを言うと、ろう者は納得してくれた。

手話話者は言語化することを好み、日本語話者は言語化しないことを好む、という言語行動も関係しているだろうが、手話では、〈流される〉＋〈（携帯は）戻らない〉と言語化し、日本語では、「流される」だけ。

わが国の従来のろう教育は、ろう者が日本の国民であるために、正音である「国語」の発音ができるようになることを目的としてきた。つまり、聴者と同じように日本語で話ができることが最重要視され、手話は「国語」の習得の妨げになると長く考えられてきた。

わが国のろう教育は、手話を第一言語として習得させ、日本語を第二言語として教育する視点を長い間（およそ八十年以上！）持たなかった。

実際に、現場レベルでは、日本語の構造やしくみを、ろう児にわかるように説明できるろう学校教員は皆無に近い。

聞こえない子どもにとって、自らフィードバックできない聴覚口話法で、日本語を正しく発音させようとしてきたろう教育の代償は、あまりにも大きい。

（2005年4月18日）

（追記）

「トイレで携帯を流されてしまった」よりは「トイレで携帯を流してしまった」のほうが自然ではないか、とのご意見をいただいた。

12 誤解される？ 聴者の「好き」

手話にも日本語にも「好き」という語はあるが、この「好き」という語には注意が必要である。

たとえば、「私はチョコレートが好きだ」「私には好きな人がいる」というような文章では、手話の〈好き〉・日本語の「好き」の両方ともＯＫである。

しかし、日本語には、手話にはない「好き」の使われ方がある。

日本語では、いいタイミングでビールを差し入れてくれた先輩に「だから、先輩、好きです！」とか、いつも嫌みを言う上司に、酔った勢いで足蹴りした同僚のＡに「きゃ〜、Ａさん、好き」と言うことがあるらしい。

また、日本語では、「Ｂさんは、どんなことがあっても弱音をはかないで黙々と仕事をするから、私は（Ｂさんのことを）好きなんだよ」と言うこともあるようだ。

私も学院の子に手話で〈好き！〉と言われることがある。

私　：今回は私のおごりだ。
学生：ほんと！　先生、〈好き〜〉！

私　：……。

このように手話で言われてしまうと、この学生はもしかして私に恋愛感情があるのかと疑ってしまう。

私　：もう帰るから、退出の用意してね。
学生：え〜、課題がたくさんあるんです……。
私　：（と、私に察してもらおうとする聴文化を察して）う〜ん。あとどのくらいかかるの？
学生：三〇分くらいかな。
私　：しょうがないな〜、じゃ、残ってやるか。
学生：ありがとうございます〜！　だから、先生、〈好き〉です〜！
私　：……。

当然、この会話は手話。
手話で〈好き〉と言われると、この学生は前から私のことを好きで、今回のことでチャンスとばかり「好き」と言ってきたのか？　と構えてしまう。
現実問題として、くだんの学生が私のことを好きになるわけがないから、頭を日本語にスイッチさせて、先ほどの会話を反芻するのだ。

手話では〈カッコイイ〉、〈すばらしい〉、〈グッド〉（親指をたてて）、〈尊敬する〉などと言うところを、日本語で「好き」と言うことがあるようだ。

聴者から日本語のままで〈好き〉と言われ、自分のことを好きなんだと誤解してしまったろう者は、案外、たくさんいるかもしれない。

手話を学習中の聴者の皆さん。もしかしたら、手話にも同じ用法があるのだと思って、なにげなく言ったあなたのその一言〈好き〉が、相手のろう者をずっと悩ませてしまっているのかもしれませんよ。


（2005年12月6日）

⑬「すみません」

教官室に私と同僚の小薗江先生しかいなかったときのこと。教官室のドアは、例によって開けっ放しにしてある。そのドアのところに誰かが立っているような気配がして目をやると、顔見知りの手話の少しできる職員がいた。その職員は、ドアをコンコンとノックしながら、手話で〈すみません〉を何度も連発しているのだった。私も小薗江先生も気づいていない間に、である。

私「……」。小薗江先生も目をパチクリさせている。

「私も小薗江先生もろう者ですから、ドアをノックする行為は無意味ですし、私たちを呼びかける行為として、〈すみません〉もちょっと違うんですけど……」と言いたくなるのを我慢して、その職員を教官室に迎え入れた。

日本語の「すみません」には、八つの機能があるらしい。まず、右記のように、人を呼びとめたり、部屋に入ったりするときに発せられる「すみません」。これ、相手に謝っているわけではない。

手話話者は、相手を呼びとめるときは手招きして相手の注意を喚起し、相手と視線を合わせてから、自分の都合で相手を自分に引き寄せたことに対するお詫びの気持ちを込めた、〈すみません〉を発し、それから「いいですか?」と確認する（日本語話者は視線を合わせないうちから「すみません」と言う）。

先日、年下の同僚（聴者）の質問の仕方が（ろう文化的に）悪かったために、「今の言い方じゃ何を言いたいのかわからないし要領を得ないよ。手話ではこんなふうに質問すればいいんだよ」と言ったら、期待された反応の〈わかりました、ありがとう〉ではなく、〈すみません〉が返ってきた。質問の仕方を注意した後、改めて手話における質問の仕方を助言したのだから、どうして〈すみません〉と謝られるのか、私としては腑に落ちない。〈すみません〉と言われると、何も怒っていないのに（＝質問の仕方が悪いことに対して怒っていないのに）、自分が何か悪者になったような気がして、なんとなく落ち着かない。

日本語話者の場合は、何か注意されると「すみません」と言い、その後に助言されるとまた「すみません」と言うのだろうか？

手話話者は、注意の後に助言が続く場合、感謝の言葉を述べればよい。助言がなく注意だけで終わってしまったら、かなりオカンムリであることがわかるので、「わかりました。これから気をつけます」と言った後に〈すみません〉と付け足す（日本語話者は真っ先に「すみません」と言うが、手話話者は最後に言うことが多い）。

ところで、ろう者から注意を受けた聴者（手話学習者など）は、ろう者のように〈わかりました〉と先に言わずに、ただひたすら〈すみません〉としか言わない。だから、注意したろう者にすれば、「注意を受けたことの意味を本当にわかっているのかな、〈すみません〉というのは形だけで、注意された内容については、納得していないのかな……」と疑ってしまうのだ。

日本語話者にとって「すみません」は、オールマイティな機能があるらしい。

『広辞苑』（岩波書店・第五版）で改めて調べてみた。

「済まない」の丁寧語。

たったこれだけです。アウトですね。全然役にたちません（冷や汗）。

『ジーニアス和英辞典』（大修館書店）で調べてみると、「ごめんなさい、申し訳ありません、失礼、ありがとう」という意味だという解説がついている。なるほどね、「申し訳ありません」と「ありがとう」が一緒になっているのだから、これはすごいと言うしかない。

『大辞泉』では、「相手に謝罪・感謝・依頼などをするときに用いる。『連絡が遅れて――』『お見舞いをいただいて――でした』『――が本を貸してください』」となっている。

手話では、感謝の気持ちを表すときに、手話で〈すみません〉と言うことはない。しかし、手話通訳者や手話学習者は、感謝の気持ちを表すときに、手話で〈すみません〉と言うことがよくある。言われた方（ろう者）は、何も怒っていないのにナゼ？　と　思いつつも、「いえいえ、大丈夫です（手話では〈かまわない〉）」と言うことになる。

「すみません」という語彙、日本語にも手話にもあるのだが、その使われ方が大きく異なっているということに気をつけていないと、相手に要らない誤解を与えたり、人格を誤解されたり、あげくには人間関係がうまくいかなくなる場合だってあるのだ。

（2005年7月11日）

PART3

ろう者の文化、聴者の文化
——異文化を生きる

1 ろう文化や知識を共有しない人たちに話すということ

仕事の関係で、最近は講演をお受けしないことにしているが、それでもときどき講演することや、大学院でレポートを発表することがある。

講演するたびに思うことなのだが、対象がろう者か聴者かで、やはりノリが違う。対象がろう者の場合、反応がいいので、ついつい予定していないことまでしゃべってしまう。話していくうちに連想ゲームの如く、次から次へと話がふくらんでいく。ときには脱線してしまうけれども、終わってみるとある種の心地よさを感じる。

ウケてほしいと思ったときには必ずウケてくれるし、フロアにいる聞き手が私の話をどう感じているかを話しながら見てとれるので話しやすい。フロアと一体感が感じられるのだ。ところが、聴者が相手だとちょっと違ってくる。一通り話し終えても、なんだかすっきりしないものを感じる。

聴者が相手といっても、手話やろう者をまったく知らない聴者を対象にした講演や研修会のときと、手話学習者や手話通訳者の団体でのときがあり、前者より後者の機会の方が多い。

私の場合、主催者側で用意した手話通訳ではなく、自分で手話通訳者を手配するようにしている。

手話通訳養成の教官をしている関係で、手話通訳学科の卒業生に通訳をしてもらうことが多い。

手話通訳学科の卒業生である以上、手話言語学、ろう文化などに関する専門的知識も一般の人よりは豊富であり、講演や研修の資料の準備は、直前になることが多いものの、通訳者には事前に目を通してもらうようにしている。一応、通訳の面では万全の体制をとっている。

それでも、やはり、言いたいことを伝え切れなかったもどかしさが残る。そのことで手話通訳者と話していたら、話し手と聞き手の間で文化・知識を共有していないことが原因の一つではないかということになった。

「私の両親はろう者です」という、この文一つだけで、聞き手がろう者だったら、私が何を前提に何を言いたいのかを、察することができる。ところが、聞き手が聴者だと、それだけでは私の発言の意図が伝わらない。

だから、聞き手が聴者だと、ていねいに解説を加えなければならない。つまり、こんな具合にだ。

「私は両親がろう者で、手話を家庭内で使っている環境に育ちました。当時、ろう学校では手話は日本語の習得の妨げになると信じられていたため、手話の使用を禁じられており、口話法という口の動きで相手の話を読み取ったり、自分の声を聞いたこともないのに自ら声で話したりするような口話教育を強いられてきましたが、手話については、親がろう者ということもあって、私と同年代のろうの子どもたちより、家に遊びに来る親の世代のろう者の手話を、見る機会が多くありました」

寄宿舎育ちのろう者についても、聞き手がろう者だったら「私は小学部高学年から高等部にかけて、ろう学校の寄宿舎で暮らしました」ですませられる。

しかし、聞き手が聴者だったら「私は小学部高学年から高等部にかけて、ろう学校の寄宿舎で育ちました。当時、ろう学校では手話は、（中略）寄宿舎には、中学部や高等部の先輩がたくさんいて、寄宿舎では手話の使用はある程度容認されていましたので、通学生より寄宿舎生のほうが手話をたくさん見る機会に恵まれました」とまで言わないといけない。

ろう者と聴者では、文化・知識・体験を共有していない部分が、たくさんあるのだということを肝に銘じておかないと、手話通訳を介しても話の意図が伝わらないことが、往々にしてある。それを通訳のせいにするのは酷である。

講演の前の打ち合わせの段階で、経験を積んだ通訳者から「この話の流れでは、ろう者にはあたりまえのことでも、聴者には何のことかわからないのでは？」とアドバイスを受けることがある。このアドバイスはありがたい。ろう文化と聴文化の違いを研究題材にしている私でさえ気づかないところがあるのだから。

ただ、このときの通訳者のアドバイスの仕方も難しいだろうと思う。言い方を一歩間違えると、ろう者に不快感を与えることになりかねない。「でしゃばりすぎた真似をして」と、ろう講師に思われるかもしれない。

私が一番難しいなーと思うのは、デフ・ジョークや手話で笑いを取るときである。ろう者にはウケても聴者にはウケないことがある。

手話通訳の人たちも、ろう者の話のおかしさやユーモアを聴者に伝わるように努力することは大変だろうと思う。そして、せめて手話やろう者に関わろうとする手話学習者、ろう教育関係者は、通訳を介さなくても手話で笑えるようになってほしいと思う。

（2005年2月28日）

❷ 聴文化では、時間のことはあまり言わない？

両親がかねてから見に行きたいと言っていた立山黒部アルペンルートに、家族旅行に行く機会があった。長野の大町温泉郷にある立山プリンスホテルに部屋をとった。翌朝、天候に恵まれ、青空の下、いい気分で扇沢の駐車場へ。そこに車をおき、電気動力による四つの乗り物（トロリーバス、ケーブルカー、ロープウェイ、再びトロリーバス）を乗り継いで立山へ。

ところが、一番の楽しみにしていた「立山・雪の大谷ウォーク」が……。このイベントは、期間限定で、立山黒部アルペンルート全線開通直後の「雪の大谷」を開放し、高いときは二〇メートルにもなる〝雪の壁〟の中を散策し、春の立山を実体験できるというものだ。

特に悪天というわけでもないのに「天候不良により時間未定」という手書きの立て看板が出ているだけ。近くにスタッフがいたので、筆談で「見込みはどうですか?」と聞いてみた。すると「現在、除雪作業を進めています。お客様の安全確保のためです」とだけしか書いてこない。

私たちが知りたいのは、何時頃に目処がたちそうなのかということだ。次から次へと送られてくる観光客のため、立山駅構内は人であふれ、ひどい混雑状態。この混雑状態からエスケープしたほうがいいのか、それとも構内にとどまっていたほうがいいのかを判断するために少しでも情報を集めておきたいのだ。

「何時頃になりそうですか」と聞いてみると、そのスタッフは返事を書くのに困ったようにしていたので、さらに突っ込んでみた。すると「早くても一一時頃になると思いますが、天候状況にもよりますので」と書いてきた。それだけでも十分である。一一時までまだ一時間もある。お礼を言って、さっそくこのひどい混雑状態からエスケープすることにした。

立山駅に隣接している日本最高所のリゾートホテル、「立山ホテル」のティーラウンジに避難した。構内のひどい混雑とはうってかわって人の姿もまばらで、のんびり過ごせそう。水出しコーヒー一杯八五〇円もするのには目を剥いたけれど、だから、人が入ってこないわけだ。

黒部の湧水から作ったという水出しコーヒーを口にしながら、さきほどのやりとりについて考えてみた。

時間に関することについて、聴者はなかなか口にしない。「うーん、時間のほうはちょっと……」「そうですねえ、天候次第ですので……」などと言って、口を濁す傾向にあるようだ。

他にも例を挙げてみよう。

「しばらくお待ちください」

「運転見合わせ中」

「しばらくお待ちください」→「しばらく」ってどのくらい？　五分？　一〇分？　それとも三〇分？

「運転見合わせ中」→見合わせると言われてても、ずっと？　一時間後？

聴者ってこんな曖昧な状況でも平気でいられるの？　う〜ん、不思議だ。それとも我慢しているのか？

先ほどの「立山・雪の大谷ウォーク」の例では、聴者は「中止」というアナウンスが出ていない限り、どのくらい時間を要するかわからないが、まあ、待てば必ずイベントに参加できる、というくらいの気持ちでいるのだろうか？

ろう者の多くは、このような曖昧なことで時間を無駄にしたくないと考える。だから、目安でも想像でも何でもいいから、どのくらい待てばいいのか、具体的に数字にしてもらえればなんとなく安心する。極端に言えば、根拠がなくてもいいのだ。

一時間くらいと言われたら、その一時間をどのようにして使うのかを考えることができる。しかし「しばらく」と言われると、その「しばらく」の時間がどのくらいあるのかわからないから、どのように活用すればいいのか計画が立てられなくなる。

聴の読者の方は、それじゃ、もし一時間が二時間になってしまったらどうなるの？　と心配されるに違いない。それはそれでかまわないのだ。最初に出された数字はあくまでも目安であるという認識はしているから、結果的に大幅に予定変更ということになっても、それなりの理由が存在していれば、大騒動にはならない。

もしかしたら（日本の）聴者は、数字を具体的に言うことによって生じる責任を回避するために「しばらく」「運転見合わせ中」みたいな言い方を好むの？　読者の皆さん、教えてください。

ある駅での想定会話集を作ってみた。

大雨のため運転を見合わせ中で、運転再開のメドを駅員に聞いている場面における会話。聴者版は駅員・客両方とも聴者、ろう者版は駅員も客もろう者という設定である。

【想定会話集・聴者版】

客　：復旧は何時頃になりそうかしら？

駅員：そうですねえ、天候次第ですし……。

客　：そうですか。

【想定会話集・ろう者版】

客　：運転再開は何時頃になりそうかしら？

駅員：そうですねえ、天候次第ですし、はっきりしたことは言えませんが。

客　：じゃ、はっきりしなくてもいいから、何時になりそうだと（あなたは）考えている？

駅員：そうですねえ、早くて二時間後、遅くて三時間後ではないでしょうか。でも、もっと早く復旧することもあるかもしれませんよ。

客　：わかりました。ありがとう。

さて、話をもとに戻そう。一一時になっても人々の動きに変化がない。場内アナウンスがあれば、きっと人々の動きがあるだろうと予測はしていたのだが、いっこうにない。心配になって弟に偵察に行かせたところ、まだ「未定」とのこと。「それで、何時になりそうだって？」と聞いたら、弟いわく「聴者に聞いても（回答できないから）無駄だろ」。なるほど、ごもっともだ。

結局、正午になって「立山・雪の大谷ウォーク」が始まり、二〇メートル近い雪の壁を見あげながら五〇〇メートルほど歩いて行った。太陽の光が反射し、ギラギラしていてサングラスがないと目をあけられないほどだ。

スタッフの書いていた「早くても一一時」より一時間過ぎてしまったが、私たちろうの家族四人は「結局、予定より一時間過ぎてしまったね」と言いながら、春の立山（と言っても雪だらけだが）を満喫した。

（2004年5月10日）

3 時間に対する感覚

「聴文化では、時間のことはあまり言わない？」に対し二人の聴者からコメントがあった。全文引用すると長文になってしまうので部分引用する。

アトラクションが故障した時には、「復旧の目処が立っておりませんので、他のアトラクションをご利用下さい」と案内するように指示されました。たとえすぐ直りそうな不具合でも具体的な時間はくれぐれも言わないよう、念を押されたほどです。

有名なテーマパーク二ヵ所でアルバイトしたときの経験だそうだ。すぐに直りそうな場合でも具体的な数字は言わずに「復旧の目処が立っておりませんので……」と言うそうである。信じられない！

実際に僕が案内をしたときは、聴者のお客さんに「何分後？」と具体的な数字を聞かれることも少なくありませんでした。それでもこちらが「まだちょっと具体的には……」と言葉を濁すと「あ、そうですか」と他のアトラクションへ行くというケースが多かったです。みなさん、決して納得しているわけではないんでしょうが、「具体的に言わないように教育されてるんだな」と察しているんでしょうね。

なるほど。具体的に言わないように教育されているなと、お客さんのほうで察し、納得はしていないけれども、一応ということになっているんですね。「察する・察してもらう」というのが聴文化の基本とすると、「察しない・言語化する」というのがろう文化の基本でもあるかも。

次は、英語が堪能で、仕事の関係で長く海外にいたことのある読者の方（聴者）から。

時間に対する感覚はかなり文化に依存すると思います。

これには私も同感。同じ日本人でも、ろう者と聴者とでは、時間に対する感覚がかなり違うようだから。

聴者同士とはいえ、日本人がイギリスとイタリアで列車の出発の遅れに対して、どのように質問するか、というのはかなり異なると思います。イギリスでは、聞けばそこそこ、まともな答えが返ってくることが期待されますが、イタリアでは、そもそも出発すべき列車が目の前に停まっているのに、二〇分も三〇分も出ずにいて、いざ出るときにはベルすら鳴らず、何の説明もなく忽然と出ていってしまったりしますから。

同じ聴者でも、国によって時間に対する感覚は違うってことだ。すると、同じろう者でも、国によって時間に対する感覚が異なるということがあるのだろうか。私はこれまでに何度か海外に出かけ、現地のろう者と交流したことがあるが、いずれも短い間しか滞在しなかったから、時間の感覚のズレがあったとしてもそれを認識していなかったのかもしれない。

この読者の方が家族四人で米国から帰国することになったときの経験も紹介しよう。

乗り換えの空港で、飛行機がトラブルになったときのこと。交代機がみつからず、乗客は出発ロビーからかなり離れたサービスセンターで次のフライトを探すよう言われ、長蛇の列について待っていると、別の日本人の家族の奥さんが、出発便の電光掲示の中に我々が乗ろうとしていたフライトが出ていると言う。その日本語が耳に入り、慌てて出発ロビーに聞きに行ったら、元のフライトが出るとのこと。そこで、自分の名前を告げ、家族が四人いて、そのフライトに乗りたいということと、自分たち家族が乗り込むまではボーディングを終了しないということを念を押すように確認した上で、サービスセンターで待っている家族のもとに戻り、出発ロビーへ引き返すことに。(要約)

そのとき、この読者の方はどうしたかというと、家族の先頭に立って歩いている状態で振り返りざまに"Come on, children, hurry up, our plane's gonna leave."(子どもたち、急いで。私たちの飛行機が出るわよ）と周囲に聞こえるよう言ったという。

自分たちだけがその情報を持っていて周りに共有していないと、いざまたトラブルがあって、結局フライトが出ないようなことになった場合、自分たちだけに都合がよいように情報を秘匿したことで袋叩きにあったり、次に必要な情報を共有してもらえなくなったりすることを避けるためです。

出発ロビーからかなり離れたサービスセンターで待っている乗客は、日本語を理解できない。たまたま別の日本人家族の日本語（「私たちの乗る予定の飛行機が電光板に出ている」）を聞いた自分たちだけで抜け駆けしようとすると、とんでもない目にあうから、ちゃんと英語で、ということなんだろうけれども、さらに複雑な「仕掛け」もあることが……。

「私は航空会社の人間ではないので、責任を持って元のフライトの同乗者に飛行機が出るという情報を伝える事はできない。だから、我々の動きをじっと目で追っている人たちに、もし聞きたければ聞いて」と、彼等が理解できる言葉であえて言うという、ややこしい仕掛け（アメリカでは日本人みたいな顔をしていても、日系人の家族であれば、言語は英語で当然）。

「聞く」という行為は身構えていなくても、「聞こえる」あるいは「聞こえてしまう」ものですからそれを利用する、ということですね。というように、「聞こえる」世界には「聞こえる」世界のルールがあって、それはまた各文化毎に異なる、ということでしょう。

なるほど。すると、ろう者は「見る」世界にいる人間ということになる。ろう者は〈目が高い〉人種である。（〈目が高い〉は日本手話の慣用句で、目ざとい、細かいところまで見ている（気がついている）、観察力があるといった意味）だから、「見る」という行為に依存した文化をろう者は有しているのかもしれない。「見る」文化と言いかえてもいいかも。

それはさておき、手話通訳学科の、ある卒業生（聴者）にこう言われたことがある。

「ろう者って、本当に数字が好きね」

聴者なら「ちょっと待って」というような場面で、「一分か二分待って」とろう者に言われて苦笑したことがあるそうだ。

時間に対する感覚に関するトピック、話題が尽きないが、今日はこのくらいで。

（2004年5月24日）

❹ 太ったんじゃない？①

最近太り気味の私。七年前の体重に戻さなくてはと思いつつ、意思を貫き通せず、毎年一キロずつ増えて、いよいよ禁断の数字？　に達しようとしたとき、私のパソコンにたった二行のメールが届いた。

お元気？　手話ニュース見てるよー。
晴美さん、太ったんじゃないかな？　じゃ、またね！

このメールを送ってくれた人、ちょっと年のいったろうの女性で、実は講演先で一回会ったきり。妙に好かれたみたいで、年に一回、季節モノの果物を送ってくれる。

私はすかさず「そうなんです。自分でもマズイと思っていました。がんばって痩せるから見ていてねー」と返事をした。

ろうの読者の方は、なんでこんなことを書くのと思うだろう。親密でない人に対しても「あれ、ちょっと太ったんじゃない？」と言うのは、よくあることだから。

でもね、聴者の場合は、よほど親密な関係でないと言えないことらしい。

三、四年前だったか、手話通訳学科の一年生（聴者）が入学時と比べてちょっと太ってきたので、「太った？」と声をかけたら、目を大きく見開いて「えー、そんなア！」と言ったきり、絶句状態。どうも私はひどいことを言ったみたいだ。

聴者は、「あら、やせた？」と言うことはできても、「あら、太った？」はNGのようなのだ。じゃ、ろう者なら「太った？」と言うのは全部OKかと思ったら、それも間違いだ。

これもまた数年前のこと。ある卒業生（聴者）がこともあろうに私に対して「デブになった？」と言うではないか！　手話自体は〈太る〉を使っていたが、マウジング※が「デブ」になっていたのだ。ろう者だったら、絶対こんなマウジングはしない。

手話の〈太った？〉は、手話の〈太る〉に疑問のNMS（非手指動作）を付けただけでOKという訳でもないのだ。言葉ではうまく説明できないが、しかるべきNMSが付いた「太った？」であればよい。あご上げや頭の固定などによって表現されると、失礼な奴だ！　とろう者のお怒りを買うこともあるから、聴の読者の方、ご注意のほどを。

（2004年4月8日）

※マウジング：手話の口型にはマウスジェスチャーとマウジングの二種類がある。マウスジェスチャーとは手話特有の口型、マウジングは音声言語由来で、日本手話であれば主に日本語から借用された形である（鶴田さくら「日本手話におけるマウジング」二〇〇四年三月、国立身体障害者リハビリテーションセンター学院手話通訳学科、第一三期卒業研究発表会資料より）。

❺ 太ったんじゃない？②

近畿の読者の方から「（略）久しぶりに会うと真っ先に太ったか痩せたかが目に入ってきます。だからすぐそのことを言いたくなる。気がまわるときは「貫禄がついたね」とか、太っていた人には「努力しているね」とか挨拶しますが、ろう者の場合はいつも単刀直入なので（略）」というメッセージが入っていた。

なるほど、そう言われてみれば、私にも身に覚えがあるぞ。小さいときからプチおデブちゃんだった私は、近所の聴のおばちゃんからよくこう言われたものだ。

小さいときは、

「まんまるくてかわいいわね」

「コロコロしていてかわいいわ」

中学生か高校生くらいになると、

「あら、晴美ちゃん、ふくよかになったわね」

これって、聴文化なのね。納得。

女性に対してあからさまに「太る」というのは言葉は使えないから、このような遠まわしな？　表現を使うんだろうか？

男性なら「体格が（ずいぶん）よくなったね」「貫禄がついたね」だろうか？

日本語話者（一般的に日本人の聴者のこと）は言語化しないほうを好み、日本手話話者（一般的に日本のろう者のこと）は言語化するほうを好むとされている。

しかし、私自身の経験だが、数ヵ月ぶりにあったろう者が、別人かと思うくらいにものすごく太っていて、そのときばかりは「太ったんじゃない？」と言うことができなかった。つまり、言語化することができなかったのだ。うーむ。

他のろう者はどうなんだろうかと思って、「ねえ、○○さん、ものすごく太っちゃって、何も言えなかった」と言うと「私も私も。だって、本当にものすごく太っているんだもん」。

ちょっと太った程度なら「太ったんじゃない？」とろう者は言うことができるが、「本当にものすごく」太った場合、つまり、誰が見ても太ったことが明らかな場合は、逆にそのことを言語化することができないようだ。

機会があれば、読者の方から指摘された「太った？」と手話で聞くことが「セクハラ」とどうつながるかについても考察してみたい。

（2004年4月8日）

⑥ ドアは開けておく？　閉めておく？①

手話通訳学科は、文化や言語に関するエピソードが尽きない。

手話通訳学科は、手話通訳をめざす学生（つまり聴者）のための通訳養成機関。非常勤のろうの先生たちが日替わりでやってくる。手話通訳学科のあるフロアは原則として「ノー音声日本語」のスペースになっている。

手話通訳学科では、ろう者がマジョリティで聴者がマイノリティなのだ（数の上では、聴者が圧倒的に多いのだが、力関係でいうとろう者がマジョリティ）。

ただし「ノー音声日本語」ルールが適用されるのは、二年生や研修生。一年生は手話を学習中ということで「ノー音声日本語」ルールは免除され、聴者の教官とは音声日本語でコミュニケーションをとることができる。

毎年春になると新入生が入ってくるが、その新入生の行動がおもしろい。

先日、教官室にはろうの私しかいないのに、開けっ放しになっているドアにノックをする新入生がいた。私はその新入生の見当違いな行動に思わず吹き出しそうになった。

それはさておき、ろう読者の皆さん、お気づきだろうか？

手話通訳学科の入っている学院棟は六階建て。一階にある学院事務室だけはドアが開きっぱなしになっているが、それは例外的で、各フロアに入っている他学科教官室のドアは閉められたまま。私の行っている大学院の言語社会研究科事務室や教授の研究室のドアも閉められたまま。

ろう者の世界では、ドアは特別な理由がない限り開けたままになっているが、聴者の世界では、ドアは特別な理由がない限りずっと閉めておくことになっているらしい。

最近の例では、大学院の言語社会研究科事務室のドア。当然、閉められているから、どうやって入ろうかと思案していたら、「ノックは不要」というプレートが目に入り、ホッとした。もし、そのプレートがなかったら、きっと私はおそるおそるノックし、ドアを少しずつ開けながら事務室の様子をうかがうだろう。そして、中にいる職員と目が合ってから「入ってもいいですかー」というような意味のサインを送り、それから中に入るだろう。

ろう者にとって、ドアはどんな意味を持つのか。

ドアが開いていれば、その部屋への出入りが許可されていることを意味する（そして、ドアが閉められていれば、その部屋への出入りは遠慮してほしいという意味なのだ。あるいは不在ということもある）。

だからといって、中にいる人に無断でズカズカ入っていくのはNGで、部屋に入ってもよいかどうか確認をとってからが普通である。もし、中にいる人が自分に気づいてくれなかったら、その人の近くまで行ってもよい。

問題なのは、部屋に複数の人がいる場合だ。

手話通訳学科教官室には、多いときではろうの先生二人、聴の先生二人の計四人がいる。ろう者（非常勤の先生など）はそういうときでもスムーズに教官室に入ってきて、用事をすませる。しかし、学生（聴者）はなかなかそうはいかない。

たとえば、学生が入り口のところで突っ立っているのに私が気づいても、その学生は用事のある先生のほうに視線がいったまま直立不動状態になっているから、フォローしたくてもフォローできない。ろう者の場合は、部屋の中の誰かが自分に気づいてくれるまで部屋全体をさりげなく見回すなど、スタンバイモードになっているのだが。

話をもとに戻そう。ろう者は部屋のドアをノックしないのが普通である。聴者のマナーに従ってドアをノックをするろう者もいるだろうが、ろう者同士でそんなことをすれば、笑い者にされるのがオチだ。

冒頭で紹介した新入生のエピソードだが、その新入生が教官室のドアをノックしないで、スマートに部屋に入ってくることができるようになるまで、どのくらいの時間を要するのか、ちょっと様子を見ておこう。


（2004年5月3日）

❼ ドアは開けておく？ 閉めておく？ ②

「ドアは開けておく？　閉めておく？ ①」についての、読者の方の感想を紹介しよう。

▽関東・ろう者

前からマンションを買おうかと考えていて、いろんなマンションを見回っているんだけど、私の条件は「日当たりがいい」「駅が近い」の他に、「すべての部屋はリビングを通って入るようになっていること」。家族が帰ってきたら、そのまま顔を合わせずに部屋に直行なんてのは嫌なので、必ずリビングを通って顔を合わせるようにしたいという気持ちがあって。でもそういう間取りになっているマンションって少ないんだよねー。たいてい、玄関に入ってすぐに二つの洋室のドアがあり、廊下を渡ってリビングと和室という間取り。聴者の場合、ドアの開け閉めが聞こえるから、こういう間取りでも平気なのかなあって、木村さんのメルマガを見ながら思いました。

▽近畿・ろう者（○田さん）

教官室が開けっ放しというのはなるほどとうなずけます。

僕は家を改造して玄関・廊下・応接間・居間と全部の仕切りの壁を取ってしまった。表通りを歩く人は、僕の家の中を透かして隣の家が見えます。見るというのと見られるというのとは表裏一体ですから油断ができないです。娘はこんな家に住めないと言って帰ってくるとカーテンを閉めまくります。しかしろう者の生活様式というものがあると思うので全国のろう者がどのように工夫しているかを調べて、「ろう者が家を建てるとき」とか「ろう者の住まいの改造」とかのノウハウビデオを作れば、結構役に立つのではないかなと思うのですが、いかがでしょうか？　それはさておき京阪地区に大きな地震があったときは「ああこれで○田もお陀仏だな」と追悼してください。

○田さんが、家の仕切りの壁を取ってしまって、家全体が中からだけでなく外からも見渡せるようにしたのはすごいと思うが、ろう者の家のつくりって、聴者とは違うところがあると思う。ろう者にとって、相手の顔や動きが見えていることは重要なこと。だから、トイレのドアの上部に小さなガラス窓を組み入れたり（中に人がいることが容易にわかるため）、台所では対面式にしたり。

▽関東・聴者

私の場合、最近やっと、部屋にろう者が一人であれば入っていけるようになりつつあります（入っていく勇気と入っていくための方法がわかったということです）。

ですが、ろう者が複数いる部屋に入るとき、どんな行動、あるいは言語行動をとればいいのかわかりません。たとえば、四人が会話をしていないときにその部屋に入るときは、用事がある人ではない人と目があった場合、自分の目的を簡単に説明する必要があるのか（聴者の場合は目をそらして終わり）がわかりません。また、そのように、わからないことがわかっている場合（無知の知）はまだしも、自分がある文化にとってのルール違反をしているということに、自分自身気付いていないケース（無知の無知）も多くあるのではないかと思っています。ですから、「（ろう者が複数いる）ろう文化空間でのマナーにあった振る舞い（行動、言語行動）」のようなものについて、講義と実技で学べる場があったら良いなと思ったりします。またいつか「ろう者が複数いる部屋に入るとき」のようなテーマを取り上げていただけたら嬉しいです。

アメリカでよく知られているアメリカ手話テキスト“Signing Naturally”の生徒用（自宅学習用）ビデオの随所に、このようなさまざまな場面における言語行動の実例がミニ・シアターの形で紹介されている。だが、日本ではそうしたビデオ（教材）はまだ出ていない。日本ではこのようなトピックが整理されていないということも一因だろう。日本における手話教育分野での検討課題だと思う。

（２００４年５月17日）

※ Signing Naturally：Dawn Sign Pressより第一巻が一九八八年、第三巻が二〇〇三年に出版された。教師版と生徒版の両方がある。副教材は、ビデオかＤＶＤを選べる。

8 かわいくない赤ちゃんには①

聴文化では、どんなに不細工な赤ちゃんでも必ずほめ言葉を贈るのがマナーのようだ。テレビのコマーシャルに出てくるようなかわいい赤ちゃんばかりではない。しわくちゃ顔の赤ちゃんもいるし、相撲取りの朝潮みたいな（朝潮ファンの方、すみません）赤ちゃんもいる。

聴者はこの「かわいくない」赤ちゃんにも「あら、かわいいわね」とまず言っておくらしい。聴者全員がとは言わないが、おしなべて「かわいい」と言うようだ。社交辞令の一種かもしれない。

中には「かわいい」の代わりに「あら、真ん丸いわね」「あら、何ヵ月？」という聴者もいるようだ。だが、これは少数らしい。

間違っても「ブタみたいな赤ちゃん」「朝潮みたいな赤ちゃん」「猿顔をした赤ちゃん」とは言わない。

久しぶりに学校に遊びに来た当学科卒業生のT君（聴者）、その場に居合わせた非常勤講師をしているろうの先生たちに、自分の赤ちゃんの写真を「かわいいわね」と言ってもらいたいばかりに見せたのが間違いのもとだった？

T君が別室にいる私に赤ちゃんの写真を見せに来たとき、「ろう者全員から〈かわいい〉という言葉をもらえなかった。もしかしてろう文化？」という思いがT君の胸に芽生えていたことに私は気づいていなかった。

「ふ～ん、どっち似なの？」とT君に言ったような記憶がある。

数分して、T君はまじめな顔で再び聞いてきた。

「僕の赤ちゃんはかわいくないですか？」

突然こう聞かれて驚いたが、聞けば、ろうの先生たち、だーれも「あら、かわいいわね」とは言わなかったらしい。ろうの先生たちから発せられた言葉は「ふーん、君の赤ちゃんなの」「パパに似てるね、かわいそうに」「ほー、まあまあやね（とくにかわいいというほどでもないという意味）」などなど。

かわいそうなT君、私からも「かわいいわね」という言葉をもらえず、親馬鹿ぶりを発揮できずに終わった。

両親のろうの友達の一人にこう言われたことがある。

「まあ、こんなに大きくなって。赤ちゃんのときは、真ん丸くてブタみたいな顔をしていたわよ」

私はかつて「ブタみたいな赤ちゃん」だったらしいです（笑）。

T君、ろう文化なんだと割り切って、健やかに育ててください。

ろう者の中には、聴者に対する気配りのできている人がいて、その人はきっと「かわいいわね」と言ってくれると思いますよ。でも、その気配りのできているろう者を見つけ出すほうが大変なような気も……。


（2004年4月19日）

❾ かわいくない赤ちゃんには②

「かわいくない赤ちゃんには①」に関する意見、感想があったので、いくつか紹介しよう。

▽関東・聴者

昨日、学校時代の友人のベイビーに会いに行き、そのときも第一声「かわいい〜」と発しました。まさに、聴文化ですね。

▽関東・聴者

聴者の中には顔がかわいいorブサイクではなく、小さい物（者）=何でも『かわいい』という発想から赤ちゃんの顔をよく見なくても「かわいいねぇ〜」と発言する人が多いですよ。

▽関東・ろう者

娘が生まれてからの一年間を振り返ってみると、確かに聴者とろう者の言い方が違っていました。女の子はパパ似、男の子はママ似のほうが幸せになれるというジンクスのせいか、どの聴者もほとんど判で押したかのように、うちの娘を見て「パパ似でよかったね」と言っていました。一方、ろう者のほうは「目元はママ似で口元はパパ似だね！」のように娘の顔を細かく分析して言ってくれるんで、なるほどーと思ったりしておもしろかったです。

なるほど。赤ちゃんは小さい。小さいものはかわいい（ということは、大きいものはかわいくない？）。赤ちゃんの顔を見なくても「赤ちゃんはかわいいもの」という図式がすでにできあがっていて、挨拶代わりに「あら、かわいいわねー」。

よく考えてみれば、聴者は視線を合わせなくても挨拶している。赤ちゃんのほうに視線をやりながら（しっかり見ていない場合が多いらしい）お母さんに「あら、かわいいわね」と挨拶するが、ろう者は、まずお母さんと視線を合わせてから赤ちゃんのほうを観察し、それからということになる。

視線を合わせる、合わせないといった行動の違いも関係しているだろうか？

それから、ろう者のほうが赤ちゃんの顔を細かく分析しているというのがあったが、まさにその通りだと思う。

「眼と鼻がパパ似だね」「顔の上半分がママ似みたいだ」などなど。これは聴文化でもありそうだが、ろう者は「赤ちゃんの髪の毛が薄いね」と言ったりもする。これって聴文化ではＮＧ？

そういえば、容姿を話題にすることは、聴文化では好まれない傾向にあるようだが、ろう者は、人の容姿を詳細に述べる機会が多い。名前をど忘れしてしまったときなどには「歯を矯正中の、四角い顔をしていて、切れ長の目をしている人。少し太っているかなー。背丈は一六〇センチくらい。セミロングの人だよ。名前わかる?」という具合である。

だから、ろう者は、赤ちゃんを見るときでも、思わず分析してしまっているのかもしれない。分析グセ?と言うべきか。

(2004年5月17日)

10 七時ジャストに出てきたreikongさん

私の勤務先、国立身体障害者リハビリテーションセンター学院・手話通訳学科では二年生になると課題がどっと出る。二年生の課題の量に比べたら、一年生は、「試験対策だ、レポートだ」と騒いでも（?）まだまだ少ないほうである。

二年生の場合、レポートだけでなく、授業までにビデオに収録しておくという課題が多い。中には四時限の授業が終わって、翌朝の授業までに収録というのもあって、寮生の中には夕食を寮で食べてから学院に戻る子もいるし、通学生はコンビニで夕食を調達したりして、学院を追い出される夜十時まで居残る子がたくさんいる。

さて、今回の話の主人公は、二年生のreikongさん。二時限の私の授業でビデオ課題にあたってしまったreikongさん、困った顔をしているので、「どうしたの?」と聞いてみると、明朝の授業までに提出しなければならないビデオ課題を、今日中にやり終える自信がないと言う。というのも、某大学のノートテイクがあって、今夜は都心まで出かけなければならず、収録する時間がないかもしれないというのだ。

「明日は朝六時半頃に学院にきて、ひと仕事しておこう」とちょうど（心の中で）決めていたところだったので、「それじゃ、明日は七時にでも学院に来たら？　私もその頃は学院に出ているし、ほんとに来るのだったら、鍵を開けに下まで行くから」（学生が自由に出入りできるのは午前八時からで、それまではオートロックされている）と言うと、彼女は、いわゆる「聴者的笑い」をして、結局、七時に彼女が本当に来るのかどうかはわからないまま、翌朝を迎えてしまうことになった。

朝の七時に行くつもりでいれば、事前に連絡方法や時間などを確認しておく（鍵をあけるために下までおりてもらうのだから）のは、ろう者のやり方なのかもしれない。

彼女は、本当に七時ジャストに学院にやってきた。

私は、確かに「七時に」とは言ったが、これは、ろう者の「数字」好きの一例で（?）、実のところは「早朝に」という意味。極端な話、私が出勤する六時半でもいいし、七時半でもいいのだ。

彼女は学院の近くにアパートを借りているので、家を出るときにケータイにメールをくれるに違いないと思い、予定通り出勤した私は机の上にケータイを出しておいた。

ところが七時になってもケータイがブルブルふるえる気配がない。七時を少し過ぎてもメールはこない。「来るとしたら、七時半過ぎになりそうだな……」と思っていたら、彼女からメールがきた。手にとってみると「先生、学校に来ていますか?」。私はのん気に「うん、来ているよ」と返事。

私が学院に来ているかどうかを確認してから家を出るつもりでいるのだな、ろう文化的には合格だなーと、そのときはそう思っていたのだが、送信ボタンを押した瞬間、私はあることに気づいた。

「も・も・もしかして、もう、下に来ているとか……」

ケータイを片手に、慌てて五階から一階までを階段でおりると（エレベーターが動くのも八時からです）、reikong さん、腕を組んで、ドアの前で待っていました。

聞けば、七時にはもう来ていて、私が降りて来るのを待っていたのだそうだ。結果的に彼女を待たせて、悪いことをしたと思いつつも、七時に来るつもりであれば、なぜ、その少し前に確認のメールをしてこないのだろうかと、不思議に思ったりもした。

改めて reikong さんに「もし、私が出勤していなかったらどうしたの？」と聞いてみた。そしたら「仕方がないと思う」という答え。そして、中に入れるまで外で練習したりして時間をつぶす、と言うのだ。

「私が七時においでと言ったから、そうしたの？」と言うと、「うーん……」と少し考えた後、「うん、七時においでと言うから、七時には来ていると思って」。

そういうことがあった後、授業でそのことを話題にし、みんなで軽くディスカッションしてみた。

結論、と言っていいかどうかわからないが……。

聴文化では……先生が七時においでと言った。自分が行くかどうかははっきり言わなかったけれども、翌朝、七時に行ってみた（先生が言うのだから確実？）。もし、七時に先生が来ていなかったら、先生が来るまで待ってみる。少ししても来なかったら、先生に連絡をとってみる。もし、先生が寝坊したりして来ていない状況だったら、仕方がないとあきらめる（中には、事前に先生に確認してみるという学生もいたが少数派）。

ろう文化では……先生が七時においでと言った。自分が本当に行くつもりであれば、時間と鍵をあけてもらう方法（学院に着く少し前にメールを入れるとか、先生が予定を変更してこられなくなったときの連絡方法）を確認しておき、行くかどうかまだ決めかねるときは、とりあえず、行くことになったときの連絡方法を確認しておく。

些細なことでも、何かおかしいと思ったら、「文化の違いが反映しているのかもしれない」と考えられることが、通訳を養成する人にも通訳をめざす人にも必要なことかもしれない。

（2006年6月12日）

11 ろう者流の挨拶を学生に指導？

大学院は七月半ばから夏休みに入ったが、私の勤務先の学院は月末まで授業があり、七月三一日からようやく夏休み。しかし、夏休みの宿題があるためか、学院にある個別学習室に足繁く通う学生もいる。

個別学習室は私のいる教官室の隣にあり、そこに行くためには、近道なら、教官室の前を通らなければならない。ちなみに教官室のドアは開きっぱなしである。

夏休みに入り、静まり返った五階の廊下をたまに学生が通るのだが、教官室の前でいったん足をとめて、自分の存在をＰＲする学生が一人もいないのだ。

学生がすうっーと通るたびに、その姿を目の端でとらえて「今のは誰や？」と真向かいの机に座っている同僚の宮原先生（聴者）に聞くのだが、当然のことながら、宮原先生もわからない。

宮原先生の言うには、教官室に顔を出さないでエレベーターのそばにある教室に入り、そして黙ったまま帰る学生もいるというのだ。

ろう者の非常勤の先生たちがとる行動は、学生のとはまるで正反対である。ろうの先生たちは、学院に出てくると、必ず教官室に出てきて、教官室の誰かに「はーい」と手を上げ、「私はここに来ているわよー」と自分の存在をＰＲする。

授業を終え、帰るときも教官室の誰かに「私はこれから帰っちゃうわよ」と宣言してから帰る。そうしておけば、後で学生に「〇〇先生は？」と聞かれても「あの先生なら帰ってしまったよ」と答えることができる。

ある日、誰もいないと思っていた個別学習室をのぞいてみるとかなりの学生がいてビックリしたことがある。つまり、教官室の前の廊下を素通りする学生が多いということだ。

聴者に、廊下を素通りする学生が多いことをどう思うかとたずねたところ、「特に用事がなければ素通りしてもらったほうが両者にとっても心的負担がない」「用事がないのに目が合ってしまうとどうすればよいのか困ってしまう（だから、素通りする）」「用事もないのにわざわざ教官室の前で立ち止まるのは違和感がある」「先生の仕事の邪魔になるから廊下を素通りしたほうが失礼にならない」というような答えが返ってきた。

ろう者に、同様の質問をしてみたところ、「素通りするなんて失礼な……」「誰が学校に来ているのかわからないのは気持ち悪い」「簡単にハイと挨拶すればいいのに」「自分が来ていることを知らせないほうが失礼な行為だ」というような答えが返ってきた。

手話通訳学科五階は「ろう文化圏」にある。学院棟は六階建てなのだが、五階だけはろう文化ゾーンなのだ（正確に言えば、ろう文化優位の、ろう文化・聴文化クロスゾーンなのだが）。

授業のあるときは学生は来ていることが当たり前ですが、夏休みではそうじゃないですよね。夏休み中に登校したときのみなさんの様子を見ると廊下を素通りしてしまう人、教材作成室や教室に入ったきりで教官室に顔を出さない人……ろう文化的に言えば「不合格」ですぞ。

ろう文化的には、登校したら、イの一番に、教官室にハイ！　と自分の存在をＰＲしておくのですぞー！

明日を楽しみにしているぢゃ～。

ほんじゃ

と、学生ＭＬにメールをした翌日、数人の学生たちが挨拶するタイミングを逃して、教官室の前で固まってウロウロ。というのも、私が廊下に背を向けて市田先生と話し込んでいたため。

市田先生（聴者）のほうも廊下に学生がいることに気づかず、結局、学生はいったん退散し、頃合いを見て出なおしたらしい。

学生：こんなときはどうすればいいの？

私　：先生たちがなかなか気づかない場合は、ほんの少しオーバーアクションして注意を惹きつけるといいよ。

学生：えー、そんなことしていいんですか？

注意を惹きつけることで、先生たちの話し合いや仕事が中断されるのを、恐れているらしい。

夏休みに入って早くも二週間が過ぎた。学生たちもしだいに慣れてきて、教官室の前の廊下に体半分出して「ハイ」とスマートに挨拶できるようになってきた。

そういえば、手話通訳学科（当時は手話通訳専門職員養成課程）の二期生（一九九二年入学）はわずか四名で、そのうちの一名がコーダだったが、その子だけは、登下校時、必ず教官室に顔を出して（ろう者流の）挨拶をしていた。あの子は、今、どうしているのだろうか。

（2004年8月16日）

12 「待って」と言われたら……

四月は何か新しいことが始まる月である。幼稚園・学校・大学では新学期が始まり、会社では入社式が行なわれ、多くのフレッシュマンが誕生する。

わが手話通訳学科も、四月七日に入学式が行なわれる予定である。新入生は、まず、日本手話のシャワーをあび、それからろう文化について少しずつ学び、ろうの専任教官や非常勤のろうの先生たちとの交流の中から、異文化摩擦を経て、異文化理解へとステップをふむようになる。

冬休み明けの、一年生のろう文化を題材にした授業で、「ろう文化では、何が失礼で、何が失礼ではないのか。また、ろう文化と聴文化における行動様式で何が違うのか」ということを話し合う時間がある。そのときにいつも話にでることの一つに「待ってと言うときの意味の違い」がある。

たとえば、AさんはBさんに用事があるとしよう。ところがBさんは別室でCさんと話している。BさんはAさんにとって、ろう学校の大先輩にあたり、いわゆるタメ口（タメ手話？）はできない相手である。

ちょっと急いでいることなので、AさんはBさんがいる部屋に入り、Bさんの注意を惹こうとする。ろう者は、部屋に誰かが入ってくるときは、入り口に視線を向けるので、BさんもCさんも、Aさんの姿を認めることになる。

Aさんは、用事のないほうのCさんのほうに、まず視線を合わせ、Bさんに用事があることをていねいに伝え（了承を得て）、それからBさんと視線を合わせ、話をしてもいいかどうか承諾を得ようとする。

Bさんは、Aさんに話が長くなるかどうか確認することもあるだろう。短い用件であれば、Cさんに少し待ってもらえるよう許諾を得てから、Aさんと話すことになるだろう。

一方、BさんとCさんの話がすぐに終わりそうな場合は、Aさんに待ってもらうように言って、Cさんとの話を先に終わらせようとするだろう。その間、Aさんは二人の前で話が終わるのを待つだろう。

あるいは、BさんとCさんとの話し合いがなかなか終わりそうにない場合は、Bさんは、「時間がかかりそうだから、こちらの話が終わってから行くから」とAさんに言って、Aさんの待機する場所を確認するだろう。あるいは、「およそ十分後に来て」と言うだろう。

さて、この場面で、一年生にとって問題になるのは、ろうの先生から〈待って〉と言われたときである。ろうの先生は「こちらの話はすぐに終わるから、そこにいて」という意味で言っているのだが、たいていの学生は部屋をいったん出てしまうので、話をし終えて、さあ、学生と話そうと振りかえると、その学生はいなくて目が点、ということが往々にしてある。

仕方がないので、ろうの先生は、その学生を探しに行くか、その学生が部屋に来るのを待つことになる。

そして、学生に「待ってと言ったのに、なんで出て行ったの?」と聞くと、学生は「えっ? なぜって……」と答えようがなく、困ってしまう。

そうなのだ、聴者の場合は、いったん部屋を出て、頃合いを見てから、再度、訪ねるというパターンが多いという。

また、会話内容を見るのは失礼かと思い、外で待って、それから出直す方がよいと思ったという学生もいる。

ろうの先生たちも心得てきて、待たせておいたはずの学生がいなくなっても、「まあ、少し待てば来るだろう」と、あわててその学生を探しに行くということは少なくなった。

そして、出直してきた学生に、「待っててと言ったのに、どうして出て行ったの?」と言い、言われた学生は目を白黒させて「だって……」と絶句し(しどろもどろとなり)と毎年、同じシーンが繰り返されるのである。

二年生になると、ろうの先生たちに〈待って〉と言われたら、部屋を出ないで、先生たちの話が終わるのを待てるようになる。そして、振り返ったろうの先生に、ピースサインを送るひょうきんな学生も出てきて、先生に手話で〈合格!〉とほめられたりするのだ。

(2005年4月4日)

13 人に聞く

ろう者は何かあるとすぐに、人にものを聞くほうだと思う。

初めて行ったスーパーでのこと。

いつも行っているスーパーなら勝手がわかるが、慣れてないところだと品物を探すのにちょっと時間がかかってしまう。

刺身なら魚、バターなら牛乳関連のコーナー、インスタントラーメンなら……と大抵の食品については見当がつくのだが、ありそうなコーナーに該当品が見つからないときがある。

たとえば、先日のベーキングパウダーがそうである。小麦粉を売っているところにありそうなものだが、行ってみると置いていない。

そういうとき、私の父母は必ず口（手？）を揃えて「店員にどこにあるか聞けば？」と言う。

陳列品をあちこち見てまわって時間を無駄にするよりは、店員に聞いたほうが手っ取り早いというのはわかる。でも、私はすぐに聞かず、ありそうなところを探してみる。それでも見つからないときは、やむなく店員に聞く。もちろん、筆談だ。

こういうとき父母は必ず言う。聴者はいいわねえ、何でも気軽に聞けるから。私たちはいちいち紙に書かないといけないし、ちょっと面倒だよね。

私もそう思っていた。私の場合は、筆談で聴者に何かを聞くというのは面倒なことだから、できることなら自分で探してみたりして、なんとか解決しようと思う。

しかし、聴者はろう者が思っている以上に、人にあまり聞かないらしいということも、うすうすわかってきた。聴者と一緒に行動してみると、人に聞けばいいのにと思う場面でも、聴者はなかなか人に聞かない。

お目当ての店が見当たらないとき、通行人に「どこ?」と聞いてくれれば、店の場所がすぐにわかるっていうのに、聴者はなかなかそういう行動に移さない。「ちょっと待って!」と言いながら、地図とにらめっこしている。地図を見ていてもわからないのだから、人に聞けばとさっきから言っているのに、だ。ろう者は、紙とペンを出して日本語の文を書くという手間がある。でも、聴者ならそういう手間は不要、人(聴者)に聞くのは私たち以上に簡単なことなのになぜ? である。

目的の店の場所がどうしてもわからないときは、携帯でそのお店に電話する。それも、気軽にという雰囲気ではなくて、やむをえずといった感じである。交番が近くにあれば交番で聞くのだろうか。

そういえば、テレビの特番でやっていたぞ、交番の特集。道順をたずねる老婦人、落し物の届け出、いろいろ。交番で聞く行為も、もしかしたら聴者にとって「最終的手段」であって、できたらそういうことはしたくないのかな?

ろう者と一緒に旅行に出ていて、ろう者から「聞いてみて」と何度も言われた経験をお持ちの読者（聴者）の方もいらっしゃるのでは？

聴者はめったなことでは、あまり人にものを聞かないものだということを、ろう者が知ったときの驚きは、結構、大きいかもしれない（かくいう私もそうだったのだから）。

私も頭では「（日本の）聴者は、人にあまりものを聞かないらしい」というのは理解しつつも、「聞いてみれば」とつい言ってしまう。すると、相手は必ず「えー、聞くの！」といったような反応をする。

旅先の宿でおいしそうな料理が運ばれてきたときの話。

素材が何なのかわからず、何だろうねーと皆で話していると、仲居さんが次の料理を運んでくる。これはグッドタイミングと「聞いてみて」と聴者に促すと、「えー、聞くの？」とお決まりのパターンが返ってくる。

私にはコーダの友人が多いが、その中の一人がとてもオモシロイ。その子をCさんとしておこう。というのも「人に聞けばすぐにわかることなのになー」と私が思っているのを見透かすかのように、Cさんは「人に聞いてみようか」と言ってくれるのだ。

先日も和洋折衷のダイニングバーで新年会をしていたときのこと。

そのバーの店名が入った特注のナプキンの四隅の一つに小さな穴があった。ボタン穴のようである。思わず、皆で何に使うのかなーと話題になった。シャツの一番上のボタンで留めてナプキンがずれ落ちないようにするためなどと、皆で話していたが、正しい使い方を皆知らない。聴者、ろう者はそれぞれ半々いたが、コーダはCさんだけ。Cさんは「聞いてみよう」と注文を取りにきた店員さんに使途を聞いた。

ろう者は（私たちの代わりに聞いてくれる）Cさんに拍手を送りたそうなまなざしをしている。聴者の数人は苦笑しつつ、店員さんの説明にウンウンと頷いていた。

「実は、これはですね、クリーニングに出す際に紐を通しておくためのものなんです」

それにしても、もしCさんがいなかったら、聴者はどうするつもりだったのだろう？　あとでこっそり正しい使い方でも調べたりするのだろうか？

（2005年1月17日）

⑭ 時間の正確さ

それぞれの文化の違いの例の一つとして「ビジネスにおける時間の正確さ」というのがある。国ごとの、ビジネスにおける時間の正確さというのをちょっと書いてみよう。いずれも『世界比較文化辞典』からの引用である。この辞典で紹介されている国は六〇ヵ国だが、ここでは日本を含め八ヵ国のビジネスにおける時間の正確さについて紹介しよう。

ブラジル：ブラジル人にとって時間に遅れるのは日常茶飯事である。

中　国：時間には正確。遅刻やキャンセルは非常に無礼なことと見なされる。

インド：インド人は時間厳守を尊重するが、ともすれば実行が伴わない。会議のスケジュールを決めるときは、土壇場の変更にも対応できる余裕をもっておこう。

イタリア：時間は厳守のこと。特に工業地域のある北イタリアでは、アメリカ並みの正確さと能率が求められる。

エジプト：時間を守ることは伝統的に美徳とは考えられていない。クライアントがアポイントに遅れて来ることもあるだろうし、姿を見せないことさえある。海外からのビジネスマンも含めて、頼み事をする側が待たされるのはアラブの世界ではあたりまえ。
ロシア　：ロシア人にとって一、二時間の遅れは日常茶飯事だ。旧政権下では時間の正確さは重要ではなかった。雇用は保障され、遅刻を理由に解雇されることもなかったからである。現在でもロシア人は、時間の正確さより忍耐を美徳と考える。
アメリカ：時間厳守はきわめて重要。万一遅れそうなときは、必ず電話連絡する。
日　本　：状況を問わず、時間は正確に。

『世界比較文化辞典』は一九九九年発行のものだし、右記説明を丸ごと鵜呑みにするわけにはいかないが、やはり、時間の正確さというのは、国ごとによって微妙に異なるようだ。

さて、ろう者の場合、どうだろう。手話教師をビジネスの一種として考えることにしよう。

自分自身については講座の五分前までには会場に着いているようにしている。初めての場所の場合は一五分くらい前までにと心がけている。

私の知っている、手話を教えることを生業としているろう者は、意外に思われるだろうが、時間に正確である。

一方で、残念なことに時間にルーズなろう者が少なからずいる。

「時間にルーズなのはろう文化なのだ」と平気で受講生に話し、開始時間に数分遅れるのはあたりまえのこと、半時間遅れても平気でいたのだ。さらにこの人は講座をドタキャンすることも平気である。

時間に遅れるのはろう文化なのだと主張する人は「ご都合文化主義」。もちろん、「時間に正確な」ろう者からひんしゅくを買う。

ところが手話学習者はご都合文化主義を見抜けず、ろうの先生の毎回の遅刻をやむなく容認してしまっているという。

このろう者が先生をしている手話講座の運営機関の担当者は、毎回ドキドキハラハラの連続だったそうである。ドタキャンに対応できるよう、代わりの先生を待機させてあったという笑えない話もある。

最後に、手話学習者の皆さんへ。ろうのビジネスの世界では、時間に正確が基本なのです。決して「ろう文化=時間にルーズ」ではありません。そうです、ご都合「ろう文化」主義がまかり通ることがあってはなりません。

（2004年11月22日）

※後日談：二〇〇四年秋～冬の三ヵ月、イタリアはローマに滞在されたK先生の話では、電車の遅れが二〇分というのはアタリマエ、バス待ちも五〇分だったそう。実体験をしないとわからないこともあるみたいです。

15 ろう者の通信手段

平成の時代に入ってから、ろう者をとりまく通信環境は格段に変化した。

グラハム・ベル（Alexander Graham Bell: 1847-1922）が電話を発明したのは、一八七六年。ベルは、ろう児を聴者に同化させるため、音声の伝送を研究しているうちに電話を発明した。

いわば、電話発明は、ベルにとっては副産物でしかなかったのである。

かくして、一九世紀後半に発明された電話は、聴者の生活を劇的に変化させる一方、ろう者は、それから一〇〇年以上も古典的な通信手段を続けなければならなかった。

人と会う約束をとりつけるのに手紙を送ったり、自転車で相手の家までおしかけたり……。

変化の兆しが見られるようになったのは、一九八一年、当時の電電公社（現在はＮＴＴ）が、ミニファクスなるものを発売したときだ。その三年後の一九八四年に、国がこのミニファクスを、聴覚障害者の日常生活用具として指定したため、高価で入手しにくかったこの通信機器がろう者の間に広まった。

ミニファクスの場合、葉書大の紙を送るのに二〜三分もかかる。しかし、手紙や葉書とは違い、瞬時にして相手に自分のメッセージが届く。ろう者の生活が劇的に変化した瞬間でもあった。

当時、私は大学生になったばかりで、アルバイトで貯めたお金でミニファクスを買い、山口にいる両親にも贈り、ミニファクスで交信していたことが思い出される。

その後、ファクスの性能が向上し、G３ファクスが市場に出回った。一九八七年のミニファクス製造中止を受け、ろう者の家庭からミニファクスは消え、G３ファクスがそれにとって代わっていった（今日では二～三万円台で買えるが、当時は二〇万円前後もした）。

一方、本格的なケータイは、ミニファクス製造中止と同じ年に発売されている。とはいっても重さが九〇〇グラム（一キロに近い！）で、その四年後の一九九一年に重さ二二〇グラムのムーバＰが登場、一九九二年にはＤｏＣｏＭｏが誕生している。

インターネット普及に伴い、ケータイのメール機能も拡充、ろう者の生活にケータイが必須となったのは、一九九七年前後だろう。

しかし、文字を媒体とした通信手段では、音声言語を第一言語としないろう者にとって、ある種の充足感を得られない。

ろう者の第一言語である手話で相手と通信したいという長年の夢が、いよいよ実用レベルになってきている。

テレビ電話機能が付いているケータイはあるが、コマ落ちなどで手話の発話スピードについていけず、今のところケータイでのテレビ電話の普及度は、ろう者の間ではイマイチのようである。

ところが、二〇〇五年に入ってからトライアルで始めた「見えるフォン」（富士フィルム）は、インターネット環境さえあれば、自宅のテレビやPCにつないで見ることができ、コマ落ちがほとんどなく、動きも滑らかでほんとうに快適だ。

この「見えるフォン」の今後の発売なのだが、もし、仮に本格的に発売されるとなれば、市場原理というものがある以上、ろう者・聴覚障害者をターゲットにしつつも、一般向けの販売戦略が必要になってくるのではないだろうか。そうでもしないかぎり、無線を利用した「メサージュ」が生き残らなかったのと同じ運命をたどってしまう。

ろう者仕様の「見えるフォン」を基本に、聴者仕様の機能を付けておくとか……。富士フィルムさん、ぜひ、お願いしますね。

次回は、「見えるフォン」をめぐるいろいろなエピソードを紹介しよう。

（2005年5月16日）

※「見えるフォン」は現在、「会えルンです」として発売中（富士フィルムビデオコミュニケーション株式会社。e-mail:info-ff@video-comm.jp）。

⑯ 見えるフォン

「見えるフォン」は、高速インターネット環境、専用のルータとカメラがあれば、どこでも見られるという優れものである。

各ブロードバンド業者が提供しているメッセンジャー（チャット機能が付いたもので、カメラを付けた場合、ビデオチャットができる）よりずっといい（大手のものでは、Yahoo や MSN のビデオチャット）。

モニターは、居間の大きなテレビでもいいし、ノートパソコンの液晶モニターでもよい。

自宅では、リビングにあるテレビにつないでいる。留守録機能も付いていて、相手が留守の場合、自分の映像を送ることも可能なのだ。

この見えるフォンを使っていくうちにおもしろい現象が……。

私の場合、帰宅時間が遅くなりがち。千葉にいる両親の就寝時間が二二時過ぎだから、両親と話そうと思ったら、NHK手話ニュースの放送時間が終わった頃を見計らって見えるフォンをかける（手話ニュースは二〇時四五分から二一時までの放送）。

先日も同じようにして見えるフォンをかけたら、留守モードになっていた。

「あれ？　在宅しているハズなのに、留守？　さては留守モードの解除を忘れているに違いない」

ケータイ（メール）でそのことを知らせたが、返事がない。おかしいなーと思っていたら、二二時になる少し前に両親から見えるフォンがかかってきた。見たい番組（韓流ドラマだったらしい）があったので、留守モードにしておいた、というのである。見えるフォンはテレビにつないであるので、番組を最後まで見たい場合、留守モードにしておくというのだ。

私もそういうことがあってから、見たい番組がある場合、留守モードにしておくことにした。そうすれば、誰にも邪魔されずに見ることができるからだ。これって、私以外のろう者もやっていることらしい。

先日、珍しく早い時間に帰宅したので、買ってきた惣菜と解凍したご飯をテーブルに並べてから、両親に見えるフォンをかけてみた。

両親の家の場合、居間全体が見渡せるアングルになっているので、私からはソファに座っている両親（画面に映らないように姿を隠している弟もときどき）が見えるようになっている。

私は夕食を食べながら、両親と手話でおしゃべりするのだが、何だか不思議な感覚に襲われた。つまり、千葉の家の居間とこちらの空間が一緒になってしまったような感じなのである。

別のろう者の経験になるが、友人に見えるフォンをかけたら、その友人宅では食事中で、自分も酒を飲みながら話していたら、友人宅と自分の家の空間がつながったような感覚になったという。

見えるフォンをかけている間、相手も（家族と）自分も（友人数人と）夕食をとっていたという友人の話によると、テレビの画面から光がするので、不思議に思って、画面のほうに目をやったら、懐中電灯で自分の注意をひこうとしていた相手の姿があったという。

つまり、見えるフォンをかけているのに、こちら側だけでおしゃべりに夢中になっていて、テレビ画面の向こう側にいる相手のことを忘れてしまったためなのだが、画面の向こうにいる相手を自分のほうに振り向かせるのに懐中電灯を使うというアイデア、ろう者が「目の人」であるゆえんであろう。

また別の話。地方にいる友人に見えるフォンをかけ、その友人と記念写真を撮ったというろう者もいた。テレビ画面に映っている友人と自分とをタイマーでパチリ。

製品化に向けてトライアル中の「見えるフォン」。モニターが始まってからまだ三ヵ月。その間にも、ろう者は見えるフォンをどんどん使いこなしているようだ。

（2005年5月23日）

17 玄関にて

私のマンションはオートロックになっていて、防犯カメラも要所に取り付けられている。来客は、マンションのエントランスで部屋番号を押して部屋の人と通話し、開錠してもらって中に入るようになっている。

ろう者の場合、お知らせランプなどの日常生活用具や、取り付けのフラッシュベルなどで来訪を知るようになっている。

私もインタフォン（のチャイム）にお知らせランプのセンサーを取り付ければ来訪があるのを知ることはできるのだが、実をいうとめんどうで付けていない。

アパートで生活していた頃、新聞勧誘、宗教勧誘、クリーニング、訪問販売などでうんざりだったから、オートロック機能付のマンションに移ったときはこれで安泰な生活を送ることができると、ほんとに「バンザーイ！」だった。

友人や親戚が来るときは前もって時間を決めてもらい、駅に到着したらその旨をケータイにメールしてもらう。もし外が穏やかな天気だったらベランダに出て、その人がマンションに向かってくるのを確認し、リビングにあるインタフォンの小さなランプが点灯するのを待つ。赤いランプが点灯したら受話器をとり、開錠のボタンを押す。このタイミングが難しいのだが、結構うまくいっている。

宅急便の類はどうするのかって？

ご安心くだされ。宅配ロッカーというのがあって、そこに入れてもらうようにしている。難点なのは、クール便。クールだとロッカーに入れてもらえないことがあるから、これぱっかりは業者と連絡を取ってタイミングをはかるようにするか、こちらから取りに行くということになる。

ところで、千葉の新居に移った父母の話では、向こう三軒両隣のうち、インタフォンを押しただけでは人が出てこない家が二軒。おそらくインタフォンを押したら中から「どなた様ですか」と聞かれているのだと思うのだが、反応しない父母を不審者だと思い、ドアを開けて顔を出さなかったのだろう。

そういえば、うちのマンションの階下の人もそうだったぞ。宅配便がこちらに間違って届いていたので、階下の人に渡そうと思い、インタフォンを押した。人はいる様子なのに出てこない。多分、私を不審者だと思ったに違いない。仕方がないからろう者である旨のメモを書き添えてドアの前に置いたら、翌朝、お礼と「大変失礼しました」というような趣旨の文が書かれたメモが、私の部屋のドアに挟まれていた。

訪問する側もされる側もろう者だったら、中から確認せず、ドアを少し開けて確認する。ろう者は「目の人間」だから。

話は変わって、ろう者はフラッシュベルの光具合で、来訪者がろう者か聴者かを知ることができる。短めに光った場合は聴者、長めに点滅した場合はろう者なのだ。これも聴文化・ろう文化が反映していると思う。

聴文化では、インタフォンを押すのは一回だけで、それも短い。一回押すと、チャイムがピンポ～ン♪と鳴るからか、一回だけでも十分ということらしい。二回だとピンポ～ン♪ピンポ～ン♪とうるさく鳴って、せっかちな来訪者ということにもなりかねない??

ろう文化では、光で来訪を知らせる。光の届く範囲は限られているから、確実にキャッチできるよう、長めに押す。

山口に実家があった頃、父母が理容院と美容院を経営していて、店のドアが開くと装置が働いてパトライトが回るようにしてあった。パトライトは、リビングと和室に設置してあり、お客が入店するとすぐに店にかけつけるので、聴者のお客の中には何か仕掛けでもあるのかと不思議そうな顔をする人もいた。その不思議そうな顔を見るのが、実はひそかな楽しみの一つだったのだ。

(2005年1月31日)

18 トイレに閉じ込められたら……

実は、スウェーデンのマニラろう学校を見学中、私にとって、大きな、大きな？　ハプニングに遭遇した。それは何かというと、トイレに閉じ込められてしまったのだ。

トイレに入るときからいやな予感がしていたのだが、先に入っていたろうの赤堀さんが、問題なく出て来るのを見ていたので大丈夫だろうと高をくくっていた。しかし、やはり予感はあたってしまった。

そのときの様子を、同行した岡さんが書いてくれたので、引用してみる。

ろう者　トイレに閉じ込められる（岡　典栄さん）

ろう者がトイレに閉じ込められました。中にいるのはわかっているのですが、聞こえる私にはどうしたらいいのかわかりません。それで同行のろう者を呼んできました。

中で取っ手をガチャガチャやっているのが見えると、外からもガチャガチャやってみる。つまりこれで外にも人がいて、中に人が閉じ込められているという状況を把握している、つまり助けは近い、ということが中にいる人にわかります。

学校のろうの先生は状況を見るや、「中にいるのはろう、聴？」とまず聞いて、ろうと分ると早速用務担当の人を呼んで、ドライバーで開けにかかりました。

その間にドアは開いたのですが、本当はドアを押し気味にしてノブを回せばよかったらしいのです。足元に一センチでも隙間があれば、筆談ができたかも。ろう学校なのにねえ。

そして、もともとそのドアは不具合だったらしいのです。ヤレヤレ。

そして中にいたのはトイレ運の悪い人……。

トイレ運の悪い人というのは、私のことである。

中に閉じ込められているのは木村らしい、と同行の聴の人はわかったらしいが、自分では為す術もなく、ろうの先生と談笑している赤堀さんを呼びに行ってしまったそうだ。その間、私はこのままこのトイレに永久に閉じ込められるのかと、冷や汗が（本当に）出てきて心臓もバクバクしてきた。

赤堀さんは、やはり「ろう者」だった。いの一番に何をすべきかわかっていて、ドアノブを回してくれたのだ。目の前でドアノブが動いたときは、ほんとに生き返る思いだった。とりあえず、私の存在を外側のニンゲンがわかってくれたらしい、ということがこの時点で確定したからだ。

その間、わずか数分だったと思うが、私にとって、とてもとても長い時間だった。不可抗力の災害（大地震、飛行機墜落など）で死ぬのはかまわないと、日頃から思っている私だが、今回のように、トイレ運が悪くて死ぬのは……である。

ろう者は、目の人だ。耳の人ではない。だから、今回のような、外側の様子が把握できない状況におかれた人に、まず、外からドアノブを回してみせて「救援は近し」と安心させることができるが、耳の人はどうだろう?

ろう者とかかわりを持ちたいと思う聴者は、ろう者の持つ、目の人なりの世界観というのをまずシミュレーションできるように、想像力を豊かにすることも重要でないか、と改めて考えた。たとえば、ろう者しかいない部屋のドアを「ノックする」ような聴者は、相手が目の人だということに思い至らない想像力の低い人と言えると思う。

目の人であるろう者も、ろう者がいかにして世界を構築しているかを、耳の人である聴者にPRしていかないといつまでも理解してもらえない、ということになる。つまり、相互にそれぞれの努力が必要ということだろう。

(2006年9月18日)

19 同じろう文化でも大阪と東京では違う？

ここ一、二年、関西によく行くようになった。したがって、関西人ならぬ、関西ろう人と会う機会も増えてきた。

関西弁はプレステージが高いから、東京でもどんな場所でも堂々と関西弁で話す人が多い。

関西弁だけでなく、大阪手話（＝関西弁に対応する意味で、大阪、京都、兵庫、奈良、滋賀……の手話を総称したものととらえてください）も同じで、どこに行っても関西ろう人は、大阪手話で話す。

ひき逃げ事故で無念の思いを残したまま亡くなった泉君は、大阪・堺市から上京、デフトピアなどで活躍していたが、彼の語り口は関西ろう人そのもので、関西デフパワー全開、二〇代前半で亡くなるまで、ずっと大阪手話で話していたのが印象に残っている（きっと天国でも大阪手話でしゃべっとるやろなー）。

そして、同じ日本のろう文化でも、東京（関東）と大阪（関西）とではやはり違うところも多い。私の個人的感想なのだが、関西人と関西ろう人は、関西という土壌が生み出した文化を共有している部分もあるのではないだろうか。

大阪のろうの矢野さんの話では、東京のろう者は、総じておとなしい、飲んで騒いで最終電車に乗り損ねるような無茶はしない、マジメ、羽目をはずさない、ものをズケズケ言うようなことはしない、図々しさがない、悪知恵が足りない……のだそうである。

大阪に行くたびに、これって大阪なのねと思わされることが多い。講演会の後の飲み会はあたりまえ、午前二時過ぎまでハシゴさせられたこともある。「ホテルに帰りたい!」と思っても、なかなか帰してくれない。「ホテルに帰ってもいい?」と聞いても、「なんや冷たいな、時間はあるやろ。ホテルはすぐそこや。ウチは遠くから来とる。帰ったらあかんで」と、結局、最後まで付き合わされてしまうのだ。

関西以外の地方だったら、すぐにホテルに帰してくれるのに、関西ろう人にはそれが通用しない。だから、ホテルに帰してもらうために、こちらでもいろいろと戦略をたてておかないといけない。

門限零時のホテルだからと安心してはいけない。関西ろう人には、そういうことが通用しないのだ。「ホテルの門限があるから……」と帰ろうとすると、ホテルまで電話して門限の時間を延長させたり、特別に通用口から入れるようにしたりするので、「門限が……」は通用しない。

一番いいのは、関西ろう人でも、大阪ろう文化という基準からほど遠い人を見つけ出して、こちらの仲間に引き入れて、一緒に戦略をたてることだ。

もちろんのことだが、文化について何か語るとき、それがステレオタイプ化されることが多いので、気をつけなければならない。

私の書くものについても同じである。ろう者である私が体験し感じたこと、見聞したことを書いている。この文章についても、すべての関西のろう者について言えることではないと思ったほうがいい。

それでもやはり、関西ろう人は、東京(関東)のろう者とは違う～!


(2005年4月11日)

20 ろう小噺――聴者の上手な使い方

ある小さな町工場で、三五年以上も熟練工として働いている男の頭には、白いものが混じり、心臓の調子も最近よくない。そして、ついに心臓発作を起こし、救急車で病院に運ばれてしまった。命はとりとめたものの、男は薬が手放せなくなってしまった。

この薬はちょっと厄介である。六時間おきに服用しなければならない。しかし、この男は仕事に熱中すると時間を忘れてしまいがちで、うっかりすると朝から晩まで一錠も薬を飲めなかったりする。そういう日の夜は、やはりからだの具合が悪く、そのたびに男は薬を忘れずにちゃんと飲もうと決意するのだ。

けれども、男はなかなか時間通りに薬を飲めない。男は仕事に夢中になるあまり、気づいたときはとうに二、三時間が過ぎているのだ。

日曜日、男は町の時計屋に足を運び、店員にたずねた。

「アラームでふるえる腕時計はありますか?」

店員は男の書いたメモに首を傾げ、ペンを手に取り、答えた。

「当店には、アラームで音の鳴る腕時計は多数ございますが、ふるえるものはございません」

男はしばらく考えたのちに、一番大きな音でアラームが鳴る腕時計を買い、腕時計の入った小箱を大切そうに抱え込んで家に帰った。

翌日、男はいつもと同じように仕事をしていた。昨日買ったばかりの腕時計を着けて。

町工場に突如として鳴り響いた大きな「ピー」「ピー」という音に、数人の工員がびっくりし、音の出所を確認するためにキョロキョロしていると、事務室から工場長が出てきて、発信していそうな機器をあわてて点検し始めた。

工場長のそんな慌しい動きに、工場長のすぐそばにいた男は顔を上げた。

何が起きているのかをすぐに察し、男はゆっくりと腕時計のアラームを止めた。

そして、男は手話でこう言った。

「薬を飲む時間になったようだ。いつも忘れてしまうのでね、アラームで音の鳴る腕時計を買ったんだ。おかげさまでこれからはしっかり薬を飲めそうだ」

この小噺は、アメリカのろう者から聞いたような記憶がある。その話を聞いたときは笑い転げてしまった。

この世の中、聴者仕様のものが多い。ドアチャイム、テレビ、パソコン、電話……。ろう者仕様の器具、道具、機械はあまりない。目覚まし時計だって、振動式のものは非常に少ない。それに単価が高い。

しかし、この小噺は、聴者仕様のアラーム時計を使い、聴者の反応によって、決まった時間に薬を飲むという目的を達するというところに、ある種の痛快さを感じるのである。

ところで、いろいろなところで発信されている、デフ・ジョークや、ろう小噺。ほとんどは手話で語られ、文字として残されることは少ない。したがって、著作権が誰にあるのかも調べてみないとわからない状態。

これは、私が仕入れてきた「ろう小噺」を私なりに再構成してみたもの。この小噺を読んで、似たような話を聞いたことがある、あるいはめったにないことかもしれないが記事として読んだ事があるという方がいらしたら、ぜひご連絡ください。オリジナルの出所が判明したら、そのオリジナルの出典を紹介し、著作権はそのオリジナル作品にあることを明記したいと思います。

（2005年3月28日）

※小噺出所：アメリカのろう者から。

21 ろう者のカラオケ

久しぶりに本屋に行ってみた。大学院生をしているのに「久しぶりに」というのが情けないところだけれども。

欲しい本はアマゾンを通じて注文しているのだが、本屋に行ってみると本のタイトルの文字が次から次へと目に入ってくる。ネットで検索しているのとはまた違って、視覚的に情報が四方から入ってきて知的興奮をそそられる。

しかし、手話の本のコーナーだけは……特に手話コーラスや手話ソングを扱った本だけは、目が自動的に？ ブロックしてしまう。

手話コーラスや手話ソングが、メロディや音楽にあわせた手話表現である限り、それは聴文化の副産物に過ぎず、聴文化とろう文化のコラボレーションなどと形容してはいけない。

手話コーラスや手話ソングが「聴文化とろう文化のコラボレーション」だと言う人がいたら、私はその人に拳骨を一つお見舞いしてやりたい。

仮に「聴文化とろう文化のコラボレーション」であるとしよう。

手話コーラスや手話ソングを、毎日の生活の中に「あたりまえに」取り込んでいるろう者は、少なくとも私の知っている人の中にはいない。

音楽を聴く、弾く、歌う、習う、買うなどが聴者の世界ではあたりまえになっているのと同じように、手話コーラスや手話ソングを観る、歌う、習う、買う、というのは、ろう者にとっても日常的なことだろうか？　答えはもちろんノーだと思う。

ろう者が手話コーラスや手話ソングに参加するのは、手話サークルやろう協会のイベントのときだけというのが、ほとんどではないだろうか？　これでは、手話コーラスや手話ソングが、聴文化とろう文化のコラボレーションだとは、とても言えない。

ところが、唯一の例外がある。それは「ろう者のカラオケ」だ。手話ソングでもない手話コーラスでもない「ろう者のカラオケ」。ろう者が歌うものを「ウタ」としよう。

不特定の人を対象に披露する手話コーラスや手話ソングと違って、見知った同士の、いわば閉ざされた空間で行なわれるカラオケの「ウタ」。だからこそ、ある一種の開放感を伴って、ろう者は、歌って踊るのだ。

カラオケをするろう者の割合は、カラオケをする聴者の比率からいうと、まだまだ少ないだろうと思うが、少なくとも手話コーラスや手話ソングを好きだというろう者よりはずっと多いと思う。

かくいう私も、先日、一〇年ぶりにカラオケをした。

参加していたろう者は、それぞれ持ち「ウタ」というのがあって、音声のプロソディでなく手話のプロソディで歌うから見ていておもしろい。やはり、上手・下手というのはあって、上手な人には拍手喝采モノ。

参加者の中に「文京のお姐さん」と呼ばれている聴の女性の方がいて、この方の声による歌とろう者の手話による「ウタ」の、息のあったカラオケは、まさに「聴文化とろう文化のコラボレーション！」を思わせた一瞬であった。

ろう者のカラオケの楽しみ方はいろいろ。ろう界で有名なろう者の話し方のクセを真似た「ウタ」を歌って誰なのかを当てさせる、オリジナルの歌に手話的間奏曲をつけて盛り上げる、下ネタをおりまぜるなどなど。

「ろう者のカラオケ」は、やはり観て楽しめるものだからこそ、成り立つのだと思う。音楽を聴いて楽しもうというろう者はいない。聴く音楽にあわせた手話歌はおもしろくないけれども、観る音楽にあわせた手話「ウタ」（ろう者のカラオケ）はおもしろい。そういうところをわからないと（聴者的発想・聴者的音楽から脱しない限り）、真の意味の「音楽における聴文化とろう文化のコラボレーション」は生まれないだろう。

（2005年12月27日）

22 ブロードウェイ・ミュージカル『ビッグ・リバー』

先日、アメリカ発のミュージカル『ビッグ・リバー――ハックリベリー・フィンの冒険』（デフ・ウェスト・シアター）を観に行った。S席でかなり前のほう。舞台をよく見渡せる位置にあり、舞台の両端に据えてある字幕電光板もよく見える。金曜の夜だからなのか席もかなり埋まっていた。

実はあまり期待していなかった。主役はもちろんろう者だが、出演者の三分の二を占める聴者は、英語をしゃべりながら手話をするという話を聞いていたからである。

浮浪児のハック（ハックルベリー・フィン）は、厳格な伯母の家で退屈な日々を過ごしていたが、大金を手にしたハックの父親が舞い戻り、親権を主張、引き取ることに。ハックの父親は無法者で飲んだくれ。自由を求めるハックは大芝居を打ち、逃亡奴隷のジムとともにミシシッピ川に筏で漕ぎ出す。人種や境遇の違う二人が求めるのは自由だけだったが、さまざまな困難に出会うたびに二人の間に友情が芽生える。そして囚われの身になったジムを解放するためにハックは戦う……というのが『ビッグ・リバー』のおおまかなストーリーである。

『ビッグ・リバー』。直訳すると「大きな川」。ドラマチックに訳すと「大いなる川」、舞台にもなっているミシシッピ川のこと。

さて、主役のハック役を演じたろう男性は、アメリカ人にしては小柄なのだが、躍動感にあふれたダンスで、ジム役を演じた黒人男性（聴者）と対等に渡り合っていた。演技力もあり、滑らかで洗練されたアメリカ手話をしていた。

ミュージカルというからには、音楽も歌もダンスもあるアメリカ独特のショー形式に、ポピュラーソングの要素を加えた総合的音楽舞踊劇だ。手話による歌というのも出てくる。実は観る前から、手話コーラスのような歌だったら中座して帰ろうと決めていた。

ハックの歌う歌（手話）は、まさに手話ポエムの領域。音声言語の韻律にとらわれていない手話のリズムで、美しく歌い上げているのである。もちろん手話の韻を踏んでおり、観ていて心地よい。

演出も心憎い。『ビッグ・リバー』の原作者マーク・トウェインに扮した語り部の役者は、ハックの声も演じており、ハックが歌うときも一緒にギターを片手に舞台上で歌うのである。私と一緒に観に行ったAさん（聴者）は、ハックの歌（アメリカ手話）と語り部の歌（英語）が見事に調和していて素晴らしかったとため息。

心憎い演出は他にもたくさんある。たとえば、ハックの父親である。父親に扮する役者が舞台に同時に二人も出てくるのである。一人はろう者、もう一人は聴者の役者で、二人で一つの役を演じるのだ。ろうの役者はアメリカ手話で、聴の役者は英語でセリフを言い、酔っ払っている様子も見事に一緒。歌っているときも同様であり、こんなに息の合った一役二人は観たことがない。

脱獄した二人の白人の役、お年を召したほうが聴者で若い方がろう者なのだが、お年を召したほうの役者が、途中で「ろう者」役を演じたのもオモシロイ。逆転の発想である。

ろうの役者のアメリカ手話に英語をのせるために、舞台上に出てきた聴の役者は、全体を通じて四人いた。この四人の役者のしぐさ、振る舞いもカッコイイ。

ただ、聴の役者に押されそうになっていたろうの役者もいた。奴隷の母娘役を演じた黒人の二人の役者のうち、母親役は聴者、娘役はろう者なのだが、母親が貫禄たっぷりで、舞台栄えするのに対し、娘役は、手話による歌もあまりパッとしない。歌そのものはアメリカ手話なのだが、舞台の奥に消え入りそうな感じがするのだ。それだけが残念だ。

母親役の役者は英語で歌い上げながら手話を付けているのだが、それは、手話というよりも、手話を芸術的手段として振り付けたような感じであった。ハックのそれはアメリカ手話による華麗な美しい歌であるのに対し、母親役の役者の歌は優雅な振り付けを観ているようであった。というのも、聴者の役者にありがちな手話の音韻的エラーがまったく見られなかったからである。つまり、振り付けではあったが、非ネイティブにありがちな雑音がなかったということだ。

黒人奴隷のジム役を演じた役者は、演技力はものすごくあることが、観ていてわかるが、やはり手話の雑音がときどき見られる。たとえば、〈accept〉や〈happy〉を意味するアメリカ手話の単語が、やはりネイティブの手話話者のものとは違うのだ。ハックとジムが一緒になって手話で歌う場面では、当然のことながらハックに軍配をあげてしまう。

蛇足になるが、日本の芸能人（歌手）で、歌いながら手話をしている人がいるが、（手話の）雑音だらけで、まさに見苦しい。

ミュージカルを通じて聴者の役者は英語を話しながら手話を付けている。いわゆるシムコムだ。だが、ジム役を除いて、シムコムによるセリフが非常に少なかったことが救い。私はアメリカ手話が少しできるのだが、聴者役者のシムコムによるセリフは字幕電光板が必需品だった。

『ビッグ・リバー』のチラシに「かつてない劇的な体験！　歌っていないのに、歌が聞こえる」というのがある。最後のほうで出演者が総出で歌うのだが、音楽がクライマックスに達したそのとき、演奏が鳴り止み、英語による歌もなく、手話だけの歌で歌っているというものである。

聴者的な発想なのだが「その静寂の瞬間、手話が醸し出す音楽が聞こえる」ということになるらしい。Aさんは「聴者の立場で言うとこの演出はスゴイと思う。音楽が突然止まったのに舞台からは音楽が聞こえてくるような気がして全身粟立った」のだそうだ。この演出、聴者のみに有効だったと思う。

補聴器を付けていたらまた感想は違うかもしれないが、私は日頃から補聴器を付けていない。聴者が「耳の人」なら、ろう者は「目の人」。だから、楽器奏による音楽は、舞台のセットの上にいる奏者の動きで見えてはいるのだけれども、最後の総出による歌のシーン、粟立つような衝撃は感じなかった。だが、美しいと思ったのは確かである。

「聴者的発想、聴者主導の演出かもしれないけれど、音楽がまったくなくても、手話の音楽的美しさを聴者が体感的に知るにはよかったのかも」とAさんの弁。

そして観ていてオモシロイと思ったのは、聴文化が強い場面（音楽など）もあるが、全般的にろう文化が前面に出ていることだ。相手の注意を惹くときに肩を叩いたり、視線を合わせてからセリフを発したりする。アメリカ手話のときでも、シムコムのときでも、必ず視線を合わせてから、である。

半分期待していなかっただけに、観終わった後は何だか嬉しい気分になった。満点はあげられないが、高得点のミュージカルであった。そしてため息をついた。

ろう文化と聴文化のギリギリの融合をめざすと同時に、二つの異なる文化をさまざまなアイデアで尊重しあった心憎い演出を、日本はできるのだろうかと思うと、思わず嘆息が出てしまう。

何だかんだ言われているアメリカだが、アメリカのエンターティンメントの底力を感じさせられたミュージカルであった。


（2004年11月1日）

※『ビッグ・リバー』二〇〇四年九月二八日～一〇月二四日、青山劇場

PART 4

放っておけない
——聴者の誤解・偏見・おせっかい

❶ 類人猿は手話を話せるという報道について

二〇〇四年八月、AP通信が「ゴリラが手話で歯痛を訴え、無事治療を受けた」というニュースを配信し、日本でもテレビや新聞で紹介された。

記事の趣旨は左記の通りである。

「アメリカ手話（ASL）で千以上の言葉を話せるゴリラが、虫歯が猛烈に痛むことを手話で訴え、抜歯手術を受けた。カリフォルニア州ウッドサイトにある「ゴリラ基金」で飼育されているメスのローランドゴリラで名前はココ。ココは一カ月ほど前から痛みを手話で示すようになり、研究者が痛みを示す表を見せたが、激しい痛みを示す九や一〇を指した。そのため八月八日、抜歯手術を受け、無事成功した。ココの意思伝達は明快。どれほど痛むかちゃんと伝えてくれたとスタッフは話している」

似たような例が前にもあった。チンパンジーのワシューである。ワシューもASLが話せるチンパンジーとして有名になった。ワシューのときは、アメリカのろう者が「ワシューが表現しているのはとてもASLに見えない」と指摘したが、ココはどうであろうか？

ココの映像を見られるサイトがあり、さっそくチェックしてみた。私はＡＳＬは片言程度しか話せないが、映像を見ている限り、ココの示したのは「ＡＳＬのようなもの」で、決してＡＳＬではないというのは確実に言える。つまり、ココが使ったのは手話でなく身振りやジェスチャーなのだ。

知能の高い動物、たとえば、チンパンジー、ゴリラ、イルカ、犬などは人間の話す言葉を理解できていると思っている人もいるだろう。

「新聞を取ってきて」と言うとちゃんと新聞を持ってきてくれるのだから、うちの犬は人間の言葉がわかるわよという人もいる。

確かに、動物と人間がお互いにコミュニケーションをとれているという実例も、いくつかあるだろう。人間が一方的にそう感じているだけのこともあるだろうし、また、相互にコミュニケーションできた例もあるかもしれない。

対人間だけでなく、動物同士でも何らかの方法でコミュニケーションをとっているということは簡単に想像できる。

酒井邦嘉は『言語の脳科学』（中央新書）の中で次のように述べている。一部を引用してみよう。

動物も別の形でコミュニケーションをしているのは確かである。フリッシュが見つけたように、ミツバチは八の字ダンスを使って、蜜のある花の方向と距離を伝える。このコミュニケーションを「言語」の一部として認めるならば、自然言語とは全く異なる別の体系を含めてしまうことを忘れてはならない。

これは単なる言語の定義の問題ではない。本質的に性質の異なるものを同じ「言語」だと認めた時点で、言語の科学的探究が終わってしまうのが問題なのだ。（同書二七ページ）

人間がチンパンジーやゴリラに教えたのは、意味を持つ「ジェスチャー」であって、自然言語としての手話ではない。（同書二九ページ）

類人猿はヒトに近い認知能力があるのだから、学習意欲の旺盛な個体が適切な「教育」を受ければ、ある程度までコミュニケーションできるようになっても不思議はない。シンボルを使っているように見える類人猿の能力は、すべて連合学習によって説明できるのである。（同書三〇ページ）

酒井は、類人猿は自然言語としての手話でなく、意味を持つ「ジェスチャー」でコミュニケーションしているという見方をしている。

酒井の、この論文を読み私は安堵した。しかし、問題の本質は別にあると私は思う。

手話は、ゴリラやチンパンジーにも使える程度で、音声言語より劣っているものだ、というイメージを読み手に与えてしまったこと、つまり、手話をおとしめる結果になった報道の方を問題にすべきではないか。

「手話は言語である」ということが言われるようになっても、それは、もしかすると、ミツバチの八の字ダンスと同じ程度のコミュニケーション手段にすぎないと思われているのかもしれない。

手話が本当に原始的で、ゴリラやチンパンジーにわかる程度のものであるのなら、今回の報道にろう者が立腹する必要はない。ゴリラやチンパンジーにわかる程度のろう者の手話が、なぜ人間である聴者に読み取れないのか、というブラックジョークが成り立つ……。

しかし、今回の報道は、聴者に手話は類人猿にも使えるくらいに簡単なのだという誤解を与え、ひいては、手話やろう者に対する差別、偏見を助長する結果になりかねない。

斉藤道雄さんから次のようなメールをいただいた。斉藤さんは『もうひとつの手話』の著者である。斉藤さん本人の許可を得て、一部を長くなるが転載する。


（略）ろう者が、どこかのろうあ連盟のように、一つの戦略として「手が動いていればみんな手話」というのなら話はかんたんだ。たぶんゴリラは「手話」を使っていたのだろうし、その手話は「ゴリラ手話」として評価されなければならない。しかしその場合の問題は、そうすると日本手話も対応手話もゴリラ手話もみんなおなじ、ということになってしまう。

これがもし、「ゴリラが日本語で歯痛を訴えた」となったら、どうなるだろうか。そりゃあおもしろい、と笑ったあとで、「でも、アメリカのゴリラがなんで英語を使えないの」という疑問がうまれるだろう。それとおなじことではないだろうか。これ、けっこう高等な社会学のテーマになる。

ろう者は、これからゴリラの仮面をかぶって○○新聞社に押しかけ、「私は歯じゃなくて、こころが

痛む」と、手話で訴えてみてはどうだろうか。（それやるなら、ぜひビデオに撮りたい）

いやまあ、冗談だけれど、ゴリラやチンパンジーの手話について、アメリカでどれほど研究が行われ、そのいかがわしさが問題になってきたかを、おそらく○○新聞は知らない。アメリカでも、かつては、ろう者が手話を使うと「そんなものは言語ではない」とバカにされた。しかしチンパンジーが手話を使うと、「これこそ言語だ」と賞賛された。そういうことについて、アメリカのろう者は抗議しなかったのかなあ……。だからまたぞろ、こんな記事が出回っているんだろうか。

（2004年8月23日）

斉藤さんからのメールにあるように、ろう者はもっと怒るべきである。「聴者の考えていることはわからないよ」と肩をすくめて終わりでなく、ろう者はもっとこうした報道に敏感になり、そして、抗議するなり、具体的に運動を進める必要があると思う。

最後に。

私は、斉藤さんのような、くっ付かず離れずソト側から応援してくれている聴者の存在を嬉しく思う。

酒井邦嘉『言語の脳科学』二〇〇二年、中公新書

斉藤道雄『もうひとつの手話――ろう者の豊かな世界』一九九九年、晶文社

❷ 耳が不自由な、聞こえない人の文化……

二〇〇一年、十勝の自然に惚れ、夫妻で移住を決意、北海道・帯広を拠点にアート活動をしているろう画家、乗富秀人《のりとみひでと》さんが「デフ・文化村」をオープンさせた。二〇〇四年七月四日のことである。

帯広ろう学校の近くにある一軒家を篤志家から借り、約一年以上の準備期間を経てのオープンだ。デフ・アーティスト仲間でもある米内山明宏さんらが乗富さんを応援、デフ・アーティストの作品展示だけでなく、多数のろう関連の資料、書籍もおいてある。カフェもあり、コーヒーを飲みながら、手話でのおしゃべりも楽しめる。

ろう関連の書籍は、株式会社ワールドパイオニアが全面的に協力、一〇〇冊ほど貸し出しているそうだから、かなり充実している。

実は、秀人さんは、七月八日からの百貨店での個展を控えた忙しい最中の七月四日にデフ・文化村をオープンさせたのだ。パチパチ！

このデフ・文化村のことが新聞だけでなく、テレビでも紹介されるようになった。実はＮＨＫ手話ニュースでも紹介されたので、ご存知の方もいらっしゃると思う。

ろう者の 夢語る場に

来月四日、市内デフ・文化村オープンします

市在住の画家、乗富さん

総合拠点…全国でも珍しく

芸術、カフェ、手話教室も

耳の不自由な帯広市在住の画家、乗富（のりとみ）秀人さん（三四）が計画を進めていた「デフ（ろう者）・文化村」が七月四日、帯広市西二四南二ノ三にオープンする。ろう者の芸術文化や歴史を伝え、カフェ、手話教室も開催する総合的な拠点は、全国にも例がないという。乗富さんは周囲の支援に感謝しつつ、「デフ・文化村を通じ、聴者、ろう者が互いの文化や気持ちを尊重し合える社会になれば」と願っている。

東京出身の乗富さんは生まれつき耳が聞こえない。絵の勉強のため、フランスに留学後、十勝の自然にひかれて二〇〇一年に中札内村へ移住。現在は帯広で創作活動に取り組んでいる。

「耳が聞こえないのは不便だが、不幸ではない。ろう児が心のゆとりを持ち、夢に向かって頑張れる場をつくりたい」。デフ・文化村の構想を温めていた乗富さんは昨年一〇月、ろう者についての講演会を開催。多くの賛同者が集まり、東京の友人らのサポートも得て、開設準備を進めていた。

以前喫茶店だった平屋（延べ床面積約五二平方メートル）を拠点とし、ろう者や手話に関する歴史資

料や書籍などを陳列。ろう者の相談や悩みにも応じる。乗富さんの絵画や東京、フランスなどで活躍するろう芸術家の作品（写真、彫刻など）を展示する予定。

乗富さんの妻で先天性ろう者の和子さん（三一）が、日本手話とアメリカ手話の教室を開くほか、気軽に足を運んでもらうため、コーヒーやジュースなどを振る舞うカフェもオープン。子供が遊ぶスペースも設ける。

支援者も期待を寄せる。手話を学ぶ帯広の富士道利恵さん（五二）は「ろう者文化を知る機会はほとんどない。ぜひ多くの人に来てほしい」、自らも耳の不自由な帯広聾（ろう）学校の岩井真里子教諭（三三）は「ろうの子供たちが生きる力を得る場所」と話している。

乗富さんの息子和地（かずち）君は先月末で一歳に。耳は不自由だが、家族の愛に包まれ、すくすくと育っている。「ろう者や未来あるろう児のために一日でも長くデフ・文化村を続けたい」と、乗富さんの決意は固い。支援者やスポンサーを募集している。

十勝毎日新聞社（二〇〇四年六月一八日）

「耳の不自由な帯広在住の画家～」と文頭で紹介している。写真の説明では「ろう者の～」という見出しになっているが、記事全体では、「ろう者」「耳の不自由な～」と統一されていない。

もしかしたら、ろう者自身が言う「ろう者」のことを記者はよくわかっていないのかもしれない。十勝毎日新聞の記者だけではない。日本のマスメディアに関わっている聴者のほとんどは「ろう者」

という語句はできるだけ使いたくないと思っているようなのだ。

ある番組では、「ろう文化」ではなく「聞こえない人の文化」という言い方に変わっていた。聞こえない人の中には、自らを「ろう者」と名乗りたくない人もいるだろうから、ろう者とかろう文化という語句は安易に使えないというのだ。すると、「ろう者」と名乗りたいろう者はどうなるのだろうか？

私は、絶対に「耳の不自由な教官」「耳の聞こえない手話キャスター」などと紹介されたくはない。秀人さんも「耳の不自由な画家」と紹介されて嬉しいワケがない。彼も「ろう画家」と紹介されたいのだ。和子さんにメールで聞いてみたら「いくら説明してもよくわかってくれないの。説明するのに疲れちゃった」。聴者に「ろう者」であるということを理解してもらうにはかなり努力がいる。

「耳が不自由」という価値観は聴者のもので、ろう者にはない。

大学院の私の先生は、「耳の不自由な人」という表現が多いことに驚き、「それならば、僕たちは（ろう者からみて）手の不自由な人だね」とおっしゃっていた。

ＴＢＳの斉藤さん、朝日新聞の谷津記者は、ろう者との関わりを持ち続ける中で、ろう者のことを番組にしたり、記事にするときは、さりげなく「ろう者」と表現している。

「日本手話」という言語と「ろう文化」を共有している「ろう者」のことを、当然のこととして「ろう者」と書いてくれるメディアが増えることを祈りたい。


（２００４年７月26日）

（追記）

デフ・文化村は二〇〇五年七月に閉業している。乗富秀人さんは、現在、デフ・アーティストとして個展を精力的に催すなど、芸術を通してろう文化の重要性を訴えている。

〈GALLERY　NORITOMI〉

http://www17ocn.ne.jp/~deafart/

③「あとで……」

読者（聴者）の方から興味深い投稿があったので、長文になるが、全文載せたい。

●手話の「あとで」

あなた（私）は、ろう文化をわかっていない！　とろう者からお叱り？　を受けたエピソードです。

活動当日の朝、その活動に関するメールのやり取りで行き違いがあり、そのろう者（デフファミリー、ろう学校育ち）とは以前から何度もメールのやり取りで混乱があった人なので、会ってから話そうと、最後の返信をせずに会場へ向かいました。

会場へ着くと、その日の活動のための準備でてんやわんや。

朝のメールの行き違いを正すどころではなく、みんなでバタバタと準備にとりかかっていたのですが、相手のろう者としては解決したかったようで、「今朝のメールわかった？」と話しかけてきました。私はそれどころの雰囲気ではなかったので、「あとで」と答え、準備に戻りました。

ところがその日、私は別の用事があり、途中で帰らなければいけなかったのです。帰る途中、今朝の件は思い違いがあってそうなったのだということをメールしておいたのですが、その日の夜、『「あとで」と言ったので、途中で抜けてまた戻ってくるのかと思った。聴者はあいまいにするが、ろう者はあいまいにしない。あなたはろう文化を理解していない』という主旨のメールが送られてきました。

私としてはきちんと解決しなければいけないということも理解しているつもりですし、あいまいにするつもりなど毛頭なかったのですが……。手話での「あとで」は、〝その日のうち〟ぐらいの意味になるのでしょうか?

他の友人のろう者二人（どちらもデフファミリー、ろう学校育ち）に尋ねてみますと、（ちなみにこの揉め事を知っている人）『その日のうち、という意味だけではない。「また今度」という意味でも使う』『受け手の問題だと思う。私は混乱を避けるため、何日に、とか、何時に、と具体的にいつかを示す』という答えでした。

シチュエーションによって違ってくるとは思いますが、木村さんはどう思われるでしょうか? どこかで、お考えを見ることができたらうれしいです。

この種のトラブル、実は結構、多いのではないだろうか。

読者の方からのメールでは、「メールのやりとりで混乱のあった人」という言い方をされているが、この「混乱」は、ろう者の書く日本語の文章を、日本語的感覚で読むことからくる「混乱」であることが多い。

ろう者にとって日本語は母語でない。第二言語として習得するのだが、その熟練度は人によって異なる。しかし、ろう者同士であれば、日本語の熟練度が違っていても、メールのやり取りで大きな混乱を引き起こすということはあまりない。手話的思考？　で日本語を書き、読むためであるだろうか。

私もときどき、聴者に、「ろう者からこんなメールをもらったんだけど、意味わかります？」と聞かれることがある。読んでみて、これはこういう意味と解説すると、どうしてわかるんですか？　と聞かれ、逆に困ってしまうこともある。

さて、それはさておき、本題の「あとで……」。

「あなたはろう文化を理解していない」とお怒り？　になったろう者の心情がよくわかる。

活動日の朝、みんなが準備でバタバタしている中、相手のろう者は「今朝のメールわかった？」と聞いてきた。これは、ろう文化でいう「確認」の文化である。イエスかノー（あるいは「よくわからなかった」）と答え、もし、ノー（わからなかった）であれば、その原因を照合する確認作業をいつ、どこでするか、という話になっていたと思う。

ところが、読者の方は、（投稿メールの範囲で予測すると）イエスともノーとも答えずに「あとで」と答えた。この回答をした時点で、この話に関する主導権がろう者から読者の方に移ったことになる。つまり、「あとで」と言った人が、今朝のメールの行き違いに関する話を「いつ、どこで解決するか」という提案を、明示しておかなければならなかったのだ。その明示がないまま、途中で抜け出し、「メールの行き違い」についてのメールをしておいても、途中で抜け出したことを謝るということに言及しないと、主導権をうばわれたろう者からしてみれば納得できない。

「あとで」と言った本人が忘れ、途中で抜け出してしまい、後でそのことに気づいたときには、メールの最初の部分で「あとでと言ったのに、忘れてすみませんでした」と書いておけば大丈夫。

ろう者は「合理性優先」の文化、聴者は「場・関係優先」の文化と言われている※。

何かトラブルがあると、ろう者は原因究明のための確認や照合作業をする。しかし、聴者はその作業をあまりしようとはしない。心の中で「あの人がトラブルの元」などと思ったりする程度で、言語化せず、その場を取り繕おうとする。「場・関係」優先の文化である。だから、聴者はいわゆる「水掛け論」を嫌う傾向にある。

ろう者は原因が誰に（どこに）あるかが明らかになり、非（責任）がどちらにあるのかが明確にされた時点で、非のあった者が相手に潔く謝る（中には謝らない人もいるが）。そして、同じ過ちを繰り返さないために、次からどうすればよいのかを話し合う。ある意味、建設的である。

今回、お便りをいただいた読者の方は、まさに「異文化衝突」の経験をされたということになる。

そして、これはもしかして「あとで」に原因があるのではないかという思いに至ったということに拍手をしたい。

というのも、今回のようなトラブルに直面した聴者のほとんどが、「だから、ろう者って協調性に欠ける頑固者ね」「常識というのがわかってないわ」の一言で片付けてしまうからだ。

（2004年6月28日）

※高橋智美『ろう文化と聴文化——異文化コミュニケーションの視点から』国立身体障害者リハビリテーションセンター学院・手話通訳学科卒業研究発表会資料、二〇〇四年三月より

4 おせっかいな聴者……?

池袋にあるサンシャインシティ、またの名を「サンシャイン60」と言っているが、ろう者の間では〈60＋ビル〉、もしくは〈池袋＋60＋ビル〉と手話している。日本語だと60が最後にくるが、手話だと前にきていることがわかる。

ところがおせっかいな聴者はいるもので、ろう者の〈60＋ビル〉は間違いで、正しいのは〈〈ビル＋名前〉サンシャイン（指文字）＋60〉だと主張してくる聴者がいる。

〈ビル＋名前〉は、手話通訳者がよくやる表現である。ほかにも〈場所＋名前〉、〈国＋名前〉という表現をよく使う。これは、地名や国名、ビル名など、固有名詞であることを示すNMS（非手指動作）ができないことを手話通訳者自らがバラしているようなものなのだが……。

もちろん、正しい名称を知りたいとき、あるいは正しい名称を相手に知らせる必要があるときは、〈サンシャイン＋60〉とやる。だが、（手話の）通称で事足りる場合は〈60＋ビル〉でOK。ところが「60」が頭にくるのはヘンとろう者の手話を修正する聴者がいるのだ。

これと似たような例がほかにもいくつかある。

あるろう者の経験。友人の結婚式に出た後、そのことが話題になった。「式は何だったの？」という質問に、「キリスト式でもないし、何だっけなー、そうだ、人前式だ」と手話で答えたら、「人前」の口型（マウジング）が「ひとまえ」になっていたらしく、「ひとまえではないですよ、じんぜんですよ」とその場にいた聴者から訂正され、白けムードが漂ったという。

そのろう者は心の中で「正しい読み方を教えてって頼んでいるわけでもないのに。あの人はろう者は正しい日本語ができないと嘆いていて、いつも修正しようとするから、あの人の前では手話するときに口型を付けないようにしよう」と思ったそうである。

ろう者は日本語を第二言語とするから、日本語を借用するときにその読みをときどき間違えることがある。

読みを間違えたまま覚えて使うのは、やはりまずい。正しい読みを覚えたほうがよいに決まっている。

私も、ときどきろう者とおしゃべりしていて、「あれー、間違えてるよ、ワハハ」と言いながら、日本語の正しい言い方（読み方）を教えることがある。

ろう者同士では、正しい読みを教えたり教えられたりすることで、座が白けることはない。

しかし同じことをしていても、相手が聴者だと問題はデリケートになる。正しい読みを教えようとして、逆にろう者から反発されてしまった経験をお持ちの方がいるかもしれない（あるいは、ろう者から嫌われていることに気づかない聴者がいるかもしれない）。一方で、ろう者から感謝された、という経験をお持ちの方もいるだろう。

聴者の、「教えてあげる」という物言いでは、ろう者は当然反発する。

結局、いきつくのは、手話での「話し方」の問題になるかもしれない。何かをアドバイスする、助言するときの手話での言い方やマナーを身につけていないと、ろう者の日本語の読み間違いを修正しようとして、逆にろう者から疎まれてしまうということもあるかもしれない。たとえそれが善意からであってもだ。

さらに問題を複雑にするのは、日本語の読みでは明らかに間違いなのに、手話で言うときのその読みの口型〈マウジング〉が間違っていないというケースがあるということだ。

同僚の小薗江先生に指摘されて気づいたことなのだが、『浅草寺』の正しい読みは「せんそうじ」。私も日本語で書かれたものなら「せんそうじ」と読むし、ワープロに入力するときも「せんそうじ」と入力する。ところが、手話で〈浅草寺〉をやろうとすると口型〈マウジング〉は自然に「あさくさてら」となる。

口型を「せんそうじ」とやってみた。どこか馴染めない。小薗江先生は、口型が「せんそうじ」だと手話が〈戦争〉となってしまいそうと言う。

ろう者は聴者の間違いだらけの手話に寛容である。仮におせっかいなろう者がいるとして、聴者の手話の間違いを直すとしよう。それはきっと気の遠くなりそうな、大変な作業になるかもしれない。

ああ、だから、寛容にならざるをえないわけだ……。


（2005年2月7日）

❺ 読み取れない上に馬鹿笑い？

あるろう者の大会に参加していたときのこと。ご高齢のろうの男性が会場入り口に固まっている聴者の要員（おばちゃま）に、「自動販売機はどこにありますか」とたずねた。

手話文は至ってシンプルで、しかし、低姿勢で丁寧に〈自動販売機／どこ？〉とたずねた。たったの二単語である。場所をたずねる文としては非常に簡潔で、疑問の基本文である。

ところが、場所をたずねられたおばちゃま要員数人は額を寄せ合って「何て言ったの？」「お金って言ったの？」「（その手話を）見たことがないわねえ」などと声（つまり日本語）で相談しているのだ。ろうの男性は、自分の手話が相手にわかっていないとは思っていない様子で、おばちゃま要員の答えを待っている。

男性の「待ち」の態度に観念したのか、おばちゃま要員の一人が前に出てきて〈何？〉と聞いてきた。ろうの男性は、改めてゆっくりとたずねた。

「自動販売機はどこにありますか？」

しかし、かわいそうなことに、おばちゃま要員はその手話文を読みとれないのである。

おばちゃま要員たちが「ＯＫ？」「お金？」「お金を落とした？」などとてんでに見当違いなことを

言い始めたため、男性はようやく自分の手話が通じていないと気づいた。

しかし、年を召された方だけあって悟りの境地に入ってしまったのだろうか。ご立腹もせずに、穏やかにこう言い換えた。

「お金を入れて、ボタンを押す。缶が出てくる。その箱、どこにありますか」

と言うではないか。

驚いたことに、おばちゃま要員はその身振りに近い手話文でも「え、え、なによ、わからなーい」

私だったら、この時点で手話のわかる人を別に探すかも知れないが、男性はあきらめずにさらに「飲む、ボタンで押す、どこ?」と言いなおした。

ようやく自動販売機のことだとわかったらしいおばちゃま要員は、「え、何、何、ジュースの?」と言いながら笑い出すではないか。

そして「ボタン押して、ジュース、出る、箱ね、向こうにあるわよ」と笑いながら、自動販売機のあるほうを指さすのだ。

男性はにこやかにお礼を述べ、自動販売機のほうに向かって行った。そのうしろでおばちゃま要員は「お金のことではなかったわね」とずっと馬鹿笑いしている。

本当にあった話である。

なぜ、おばちゃま要員は〈自動販売機〉の手話を読みとれなかったのだろうか?

手話講習会で教える「自動販売機」は、〈自動＋販売＋機械〉かもしれない。三語からなる複合語なのだが、この手話、ろう者の間では使われていない。その使われていないものを、手話講習会で教えるのもヘンだが……。

ろう者の間でごく普通に使われている〈自動販売機〉は、たったの一語である。

手話講座の運営もしているコーダのTさんは「笑い事じゃないわよ。私の経験からしても、この自動販売機の手話、手話通訳者や手話学習者のほとんどは知らないと思うわよ」と言う。

日常生活で頻繁に使われているこの手話単語を、手話学習者や手話通訳者は知らない。これって小さな問題としてすませておくことができるのだろうか？

手話の本に載っている、ろう者の間で使われていない単語が教えられる一方で、ろう者の間ではごくポピュラーな手話単語が読みとれず、代替手段として示された身振りのおかしさに笑う手話学習者たち。

読みとれなくて「苦笑い」ならまだわかる……。

今夜もハーブティー「ライムブロッサム」の力を借りて寝ることにしよう。ライムブロッサムは心を落ちつかせてくれる効能があるらしい。

（２００４年11月15日）

6 腕を組む

日本人にとって「腕を組む」という行為は、どのように解釈されるのだろうか？

数年前だったか、職場の広報（映画）の関係で授業場面の撮影があったとき、私も教官の一人としてその場にたちあった。教室の後方で腕を組みながら、撮影の様子を見守っていたのだが、その後、広報を担当した職員から同僚の市田先生に電話があった。

「木村さんの態度が悪い（＝生意気）ですよ。市田先生の指導が行き届いていないのではないですか」

電話に出た市田先生も唖然としたが、その話を聞いた私も唖然とした。唖然とした理由は二つ。一つは、腕を組むという行為が悪い（＝生意気）、という見方を持っていること。もう一つは、ろう者を「指導する対象」として位置づけ、市田先生がその役目を全うすべきだと信じて疑わないことにだ。

また別のろう者は、ろう学校在学中に担任の先生から「腕を組んではいけない！」とよく注意されたという経験を持つという。

電機会社に勤めていたろう者の場合は、自分の所属するろう者のバレー部の練習で、聴者のコーチから説明を聞いていたら、「腕を組むな！」とひどく怒られたことがあり、なぜ腕を組んではいけないのかと思ってしまったという。

広報担当職員に間接的に注意されたのを機に、それまでには意識にのぼらなかった、「腕を組む」という行為について考えてみた。

日本の聴者にとって、「腕を組む」行為には、どんな意味が込められているのだろうか？　周囲の聴者に聞いてみたところ、

・一対一で話すときは、腕を組まないようにしている。
・「腕を組む」＝尊大な態度というイメージがある。
・不特定多数の中にいるときに「腕を組む」ことはあるが、特定の中にいるときは、腕は組まないようにしている。
・自分を見せたくないときに腕を組む。
・先生とか上に立つ人が「腕を組む」ことはあると思う。
・目下の人や若い人が腕を組んでいたら、何だか生意気に見える。
・講演の聞き手に「腕を組んでいる」人がいると、自分の話がもしかしたら下らないことだと思われてしまっているのかもと、ちょっとびびってしまうことがある。
・相手の話に同調したくないときに「腕を組む」ことがある。
・上下関係の厳しいところでは、「俺が偉いのだぞ」ということを示すために「腕を組む」ことがある

のでは？

・相手に腕を組まれると、自分が邪魔な存在に感じられる。

・腕を組んでいるバレーやサッカーの監督には、信頼感を持てる（どっしり感がある）。

などなどの「腕を組む」に関してのコメントが寄せられた。

また、ホテルのフロントマン、レストランのウェイターやウェイトレス、客室乗務員などのサービス業に従事している人たち（サービスマン）は、お客のいるところでは決して腕を組まない。お客の心理に立てば、腕を組んでいるサービスマンのところには行きづらい（近づけない）からだという。

ろう者にも「腕を組む」という行為について聞いてみた。

・「腕を組む」＝相手の話を一生懸命聞いているということの表れだと理解している。

・「腕を組んでいる」ときは手を動かせないから、相手の話をとことんまで聞いてあげるという意味になると思う。

・相手の話を真剣に考えようとすると、自然に腕を組んでしまう。

・手持ち無沙汰なときに腕を組む。

・非常に尊敬する人の前では「腕は組まない」ほうがいいかも。しかし、話を聞いていくうちに腕を組むことがある。

聴者の場合は、腕を組むこと自体が、上下関係を表すシンボルになるのに対し、ろう者の場合はそうでないことがわかると思う。

現在の手話通訳学科の二年生の様子を見てみると、いつも腕を組んでいるのはコーダの女の子二人。そのコーダの子二人は、対照的な性格をしているのだが、腕を組んでいるところは同じ。

「腕を組む」というような文化的に意味を持つ行為（しぐさ）は、国によって、というよりも文化によって、その行為（しぐさ）が持つ意味や規範が異なってくる。もちろん、聴文化・ろう文化でも「腕を組む」という行為の意味基準は異なってくるはずだ。

微妙に重なるところもあるだろうし、まったく逆というときもあるだろう。

くだんの広報担当の職員は、そういう意味では、残念ながら、ろう者のことをまったくわかっておらず、自文化中心主義なものの見方で判断したことになる。

自文化中心主義の人は、自分をとりまくこの社会に、自分のモノサシではかりきれない多様な人がいるということに思いが至らないのかもしれない。

（2005年6月27日）

7 何が「不便」になってくるのか？

私は大学院の学生もしていて、学部の講義も一コマだけ履修している。先日、その講義の先生からダイレクトメールで休講の連絡があった（通常は掲示板で確認することになっているが、私の場合、手話通訳の手配のこともあり、わざわざメールしてくださったらしい。感謝！）。

先生からのメールには「今日の授業、風邪で声がでないため、休講にしましたので……」とある。「風邪で休講」→発熱や風邪による嘔吐、脱水症状で体調を崩し、休むと思っていたのだが、「声がでない」ために休講っていうのもアリなんだと、私としてはホント「大発見」だった。

ろう者の場合は、風邪で喉をやられても、手で話すから、授業をする分には問題ないのだが、聴者の場合は、特に人前で話す仕事を生業とする人（講師、通訳、アナウンサーなど）にとってはすごくダメージになるっていうことなのね。

手話通訳の人も、「風邪で喉を痛めたとき、日本語への通訳をすることがわかっているときは冷汗モノだわ。手話への通訳だったら何とかなるけれども」と話していた。なるほどね。

この世の中、聴者が圧倒的に多い。バリアフリー化が進んでいるが、それでも、聴者仕様のものが多い。ろう者は確かに不便な生活を強いられている。けれども、聴者にも不便なことがあるのね。

前の職場の歓送迎会でのこと。同じ職場の人（私をのぞく全員が聴者）十数人が大きなテーブルにつき、司会やスピーチのときは、みんな同じ方向を向いているか、下を向いて話を聞いている。話し手の口元を見て何が話されているかを考えたり、私のために要約メモをとってくれる隣の人を見たりと、私だけ忙しい。

そして、雑談の時間になり、私はあることに気づいた。みんな、自分の隣に座っている人（二～三人）としか話さないのである。少し時間がたつと席を替え、話し相手を変えている人もいる。ろう者だったら、相手がどこに座っていようとお構いなしに、手話でおしゃべりする。手で話すから、相手が遠くに座っていても見えれば問題ない。しかし、聴者の場合は、まわりの話し声や雑音に遮られて、遠くにいる人とは大声を出さないと話せない。だから、どうしても話したいことがあれば、その人の席まで行く（よほどのことがない限り、遠くにいる人と大声を出してまで話そうとは思わないらしい）。

ほかにもまだある。

新幹線のホームでの見送りも、聴者は車内に入ってしまった人と話せない。空港も、ロビーにいる人とはガラスで仕切られているために話せないし、駅の反対側のホームにいる人とも話せない。ろう者は、飛行機の中であっても、立ち上がれば、後方のシートに座っているろう者とも話すことができるが、聴者は近くまで行かないと話せない。

ところで、新聞やテレビの取材などで決まって聞かれるのは、「耳が聞こえなくて不便だと思ったことは何ですか」である。

ろう者＝耳が聞こえない＝音が入らずかわいそう＝聞くことも話すこともできず大変＝不便な生活を強いられている、というイメージが完全にできあがっている。

何が不便になるのかは、何を基準にするかによって変わってくる。

それなのに、毎回、同じこと、たとえば、「聞こえなくて大変だと思ったことは何ですか」、「聞こえなくて不便だと思ったことは何ですか」などと聞かれてうんざりしているろう者は、私のほかにもたくさんいるに違いない。

（2005年6月6日）

8 ろう者は漢字が大好き

ろう者はカタカナが大嫌いである。「外来語をすぐにカタカナにするのでなく和製語にしろ！」とカタカナの氾濫に怒るろう者が結構たくさんいる。意外に思われるかもしれないがろう者は漢字が好きだ。

誤解しないで欲しい。平均的な日本人より難解な漢字を知っているろう者が多い、と言っているのではない。

私の父は日本語があまりできない。父は一九三三（昭和八）年生まれ。学童期は太平洋戦争の真っ只中。ろう学校の集団疎開、畑や山にかりだされ、授業はまともに受けていない。手話は生活言語として習得した。日本語の読み書きはろう学校時代にではなく、住み込みをしていたときに手話のできるすぐ下の妹（聴者）から必要最低限のことを教えてもらったという。

父はスポーツ新聞を読む。父は活字を拾い読みしつつ文を読む。複雑な構文のときは飛ばし読みをしているようだ（私が不得手とする英語の文を読んでいるときの感じに似ているかも。あるいは手話学習中の聴者が目にもとまらぬ速さの手話を見ているような感じと言っていいかも）。

日本語を習い始めたばかりの外国人は、漢字を覚えるのが大変だという。ろう者は外国人とはちょっと条件が違う。日本のろう者はこの世に生を受けたときから、目に入ってくるのは日本語の文字である。

ひらがなだけの文は、すぐには読めず、何が書かれているのかわからず、ろう者は困ってしまうだろう。

●ひらがなのみの文

「きんきゅうじたいですのですみやかにきたくしてください」

●漢字混じりの文

「緊急事態ですので速やかに帰宅してください」

「すみやかに」という語を知らなくても、漢字で書かれていれば「速やかに」の「速」から「急ぐこと」と察することができる。

要するに「何か重要な事が突然起きたから早く帰れ」という意味なのだなと、ろう者は表意文字である漢字の特性から察することができる。

ろう学校で漢字の書き取りの練習をさせられたおかげで、漢字をある程度知っているろう者は、漢字が表音でなく表意文字であるため、新しい語に出会っても意味を汲み取ることができる。一方、読みは知らなかったり、間違っていたりするということもある。

ＮＨＫ手話ニュースでは、字幕に出る漢字すべてにルビがふってある。ろう者が読めるようにするためという配慮らしい。だが、肝心のろう者はルビをあまり見ない。見るのはもっぱら外国人らしく、手話ニュースのおかげで日本語が勉強できると喜ばれているようである。

ろう者全員がルビを見ていないというわけではない。あるろう者は字幕の漢字にふられているルビを見て、初めて正しい読み方を知ったと感謝していた。ルビの効用は大きい。

しかしながら、ＮＨＫの、日本語の読みに便宜を図ろうとした当初のもくろみ（？）は成功しているとは言えない。ろう者の日本語の力は一様ではないが、全体的な傾向として漢字混じりの文のほうが読みやすいのだ。

手話のできない聴者と筆談するとき、たまに、ひらがなオンリーの文で書いてくる聴者がいる。「漢字わかりますか？」と確認する聴者も、ときどきいる。意味のわからない熟語（漢字）を指さし（身振りで）「これは？」とたずねると、こちらの意図に反してご丁寧に読み方を書いてくる聴者もいる。

文字（日本語）が社会生活を営む上で重要であるということを、ろう者は体験的に知っている。

絵本、教科書、新聞、雑誌、漫画、看板、回覧板、標識、切符発券機、地図、黒板、テレビ……。至るところで文字を見かける。だから読み書きのリテラシーの必要性を実感しているのは、他ならぬろう者自身である。

ろう者にとって、日本語は外国語と同じようなものである。だが、ずっと外国語でありつづけると、ろう者の社会生活に支障をきたすのもまた事実である。

日本人（聴者）は一つの言語だけで事足りるが、ろう者は手話のほかに支配言語（＝その社会で中心となっている言語）である日本語も身に付けなければならないという宿命を背負っている。

ろう教育関係者も日本語習得に情熱を注いでいる。しかし彼らは日本語をまず第一に考える。手話はあくまでもおまけ程度。ろう者も日本語ができなければならないという、考えに立脚しているのだ。口話法主義では手話を排除した。今日ではろう教育の場で手話が使われるようになってきた。しかしその動機はやはり究極的には日本語の習得なのだ。乱暴に言えば、日本語ができるなら口話でも手話でも方法は何でもいいと言っているように聞こえる。

ろう児には、バイリンガルろう教育が必要だと私は考えている。そしてあくまでも第一言語は日本手話で、日本語は第二言語である。そして第二言語は、第一言語と同レベルの運用能力を厳格に求めなくてもよいという考えである。バイリンガル教育において両言語ともパーフェクトをめざすのは現実的ではない。パーフェクトであるべきなのは第一言語だけだ。つまり、ろう者にとってパーフェクトに操れるのは日本手話ということになり、そういう前提のもとに日本語の読み書き能力を身につけさせるプログラムをまず開発するべきなのだ。

現在の日本のろう教育は「日本語を、特に音声日本語をパーフェクトに身につけさせるために」が、何よりも優先的に検討され、それが当然のこととなっているような気がして私はその現実を憂えている。

（２００４年12月６日）

❾ ろう者にも宿泊拒否……

読売新聞の「気流」に投稿が載った。栃木県の片柳富枝さんの「宿泊拒否を受け、無理解に悲しみ」というタイトルである。

ろう学校時代の友人二人と、栃木県にあるペンションに宿泊しようと電話をしたところ、耳が聞こえないことを理由に宿泊拒否されたというのだ。

ペンションに予約の電話をかけた片柳さんの友人が、改めて抗議の電話を入れたところ「(三人が泊まることで)他のお客様の迷惑になりますし……」とペンション側の説明。

ろう者の宿泊拒否は今に始まったことではない。

私の両親はろう者だが、彼らが若かったころ、宿泊拒否は当たり前のことだった。聴者を同行させるという苦肉の策を取ったり、ろう者に理解のある宿泊施設をあたってみたりと、ろう先人たちは苦労をされてきた。

時代は変わり、ろう者も気軽に国内のみならず海外にも出かけ、海外の宿泊施設に泊まり、観光を楽しむようになり、宿泊拒否はなくなったかのように見えた。

熊本・南小国町のアイレディース宮殿黒川温泉ホテルが、国立ハンセン病療養所入所者に対する宿泊拒否をしたことで、大きな社会問題になったことは記憶に新しいが、宿泊拒否の問題は、ハンセン病元患者だけでなく、外国人、ろう者にも言えることなのだ。

以前、北海道・小樽市の浴場で外国人が入浴を拒否されるという事件があった。日本国籍を持った白人にも入浴を拒否した。浴場側はいろいろな理由を並べ立てたが、日本人とは異なる容姿を持つ人々に対する拒絶反応が現れているように思う。

ろう者に対する宿泊拒否が大きな社会問題になってこなかったのは、ろう者のことが見過ごされてきたこともあるだろうし、宿泊拒否を受けたろう者自身も社会に告発する術を持たず、泣き寝入りしてきたということもあろう。

だから、今回の片柳さんの勇気ある行動に敬意を表したい。読売新聞社に片柳さんとコンタクトをとりたいとメールをしたところ、片柳さん本人から連絡があった。

当初は穏便に行きたいとのことでペンションの名前、連絡先を教えてくれなかった。しかし、やはり個人の問題にして決着させるのでなく、ろう者全体の問題であるからと、後日になって、ペンションの名前と連絡先を教えていただいた。

現在、栃木県聴覚障害者協会が動いているとのことである。抗議運動を、ろう運動の専門家や専門集団にお任せするのでなく、私たちにできることはないかと考えてみた。ペンションに手紙を書いたり、ファクスするのも立派な運動の一つであると思う。

同僚の市田先生が法律面から攻められる部分はないかと調べてくれた。旅館業法がそれである。

●旅館業法

第五条　営業者は、左の各号の一に該当する場合を除いては、宿泊を拒んではならない。

一　宿泊しようとする者が伝染性の疾病にかかっていると明らかに認められるとき

二　宿泊しようとする者がとばく、その他の違法行為または風紀を乱す行為をする虞（おそれ）があると認められるとき

三　宿泊施設に余裕がないときその他都道府県が条例で定める事由があるとき

●栃木県旅館業法施行条例

第一一条　法第五条第三号の規定による宿泊を拒むことのできる事由は、次のとおりとする。

一　宿泊しようとする者が、泥酔者であって他の宿泊者に対して著しく迷惑を及ぼすおそれがあると認められたとき

二　公衆衛生の保持に支障があると認められるとき

旅館業法の範囲で解釈すると、耳が聞こえないことが宿泊拒否の事由にならないのは明らかである。

また、この法律を某MLで紹介したところ、MLのメンバーが「知識として知っていれば、何らかの対処方法をとれていたのかもしれない」と、五年くらい前に愛知・豊田市のビジネスホテルから受けた宿泊拒否に無抵抗でいたことを残念がっていた。

ハンセン病元患者については、伝染性がないものと明らかになっているのに、社会一般に偏見が根強く残っていて、ハンセン病元患者と同じ湯船につかりたくないという客がいるという理由で宿泊拒否した。誤解と偏見からくるこの宿泊拒否は、明らかに法律に抵触し、違反でもある。

ろう者、ハンセン病元患者、外国人。いずれも日本人が標準「スタンダード」とする規準から逸脱しているものとみなされ、日本の社会はそれを異質なものとして排除する。

日本が真の多文化共存の社会をめざすのなら、宿泊拒否の問題を、大手ではない個人業者のしたことと片付けて終わりにすべきではない。

（2004年10月25日）

10 運転免許の聴力制限撤廃、本当に歓迎していいのか？

二〇〇六年四月一四日、画期的なニュースが入ってきた。

聴覚障害者の運転免許について、聴力制限が撤廃されるという。道路交通法を改正し、二〇〇八年からの導入をめざしているそうだ。

聴力制限が撤廃されるだけなら、もろ手をあげて大歓迎！　と言いたいところなのだが、毎日新聞や読売新聞のインターネット記事をよく読んでみると、どうも単純に歓迎していいものではなさそうである。

聴力制限を撤廃する代わりに「大型ルームミラー」を取り付ける。これについては、異議はない。ワイドルームミラーを取り付けるろう者ドライバーは多いからだ。私の場合、愛車（ちなみにＢＭＷ ＭＩＮＩ）の美観をそこねるので、ワイドルームミラーは付けていない。それで困るということはない。

ろう者ドライバーがワイドルームミラーを付けるのは、死角をできるだけ少なくしたり、後ろの道路の状況を確認したりするためだけではなく、後ろのシートのろう者と手話でおしゃべりするのに必要だからだ。

私の場合はそういう高度なテクニックはできないから、運転中はもっぱら黙っている。

問題なのは、ステッカー表示を義務付ける点。

他の車両がクラクションを鳴らさないための配慮だと言うが、これこそありがた迷惑。

それどころか、ステッカー表示を義務付けると、「私はろう者です」という情報を周囲に宣伝する結果になる。それは個人の情報を守るという観点から問題なのではないか？　ステッカーを貼った車の後を悪意のある人につけられ、犯罪のターゲットにされるという可能性もあるというのに。

ろう者は見かけ上、聴者と何ら変わりない。だから、周囲の人にそれとわかるように服にバッジをつけてはいかが、といったような話が、ろう者に無理解な、善意の固まりの聴者からときどき出るが、今回のステッカー表示義務もそれと同じ問題を含んでいる。このステッカー表示の義務付けは、多くのろう者ドライバーに受け入れられないだろう。

三つ目は、聴覚障害者ドライバーを対象にした安全講習の義務付け。

免許更新のたびに聴覚障害者専用？　の安全講習を受けなければならないのは、ろう者ドライバーにとってこれまでにまして負担増。

聴力制限撤廃は、世界的動向として当然のこと。車社会の先進国では、ワイドミラーの取り付け義務だけで聴力は不問としているところが多い。それなのに、なぜ、日本だけステッカー表示を義務付けるのか？

ステッカー表示義務付けのことを、世界ろう者連盟（ＷＦＤ）に報告してほしい。おそらく、ＷＦ

Dからは「クレイジー！」という反応が返ってくるに違いない。

聴力制限撤廃に伴う諸々の義務付けは、ろう者ドライバーのクルマ生活における快適指数を格段に下げる。単純に歓迎していいものではないと思う。

ろう運動団体はちゃんと対応してほしい。


（2006年4月17日）

11 フリクショナル・ムービー

フリクショナル・ムービー、和訳すると「軋轢《あつれき》映画」。見ていて何か「不快」を感じさせる映画のことである。

ハリウッド映画に日本人の配役があると仮定しよう。その日本人役を演じるのはアメリカに長く住んでいる中国人。日本語は上手にしゃべっているのだが、なんだかしっくりこない、立ち居振る舞いが日本人のようでない、髪も昔の日本人を彷彿させる七三分け、カメラを首からぶら下げているという容姿も、ちょっと……というような感じを受けるのを、フリクション（軋轢、摩擦、不和）という。

そのフリクショナル・ムービーは、ろう者や手話を題材にしたテレビドラマや映画に多い。今度こそはと思いつつ、観るたびに全然「ろう者」らしくない役者や、不自然な手話に、がっかりさせられてしまうのである。

現在放映中（二〇〇四年当時）の「オレンジデイズ」（TBS系、毎週日曜日）

「オレンジデイズ」のフリクション度　★★★★★（五★満点）

「オレンジデイズ」の主役、柴咲コウが演じる萩尾沙絵は、将来を嘱望されたバイオリニストだったが、四年前の海外留学中に突然、病気のため失聴したという設定。ところが、ドラマに出てくる沙絵は、声を出さず、手話だけで話すという。アンビリーバボー！　である。

「沙絵は、声は出せるのだけれども出さない、その理由がドラマの中で明らかにされるだろう」としているが、やはり、設定に無理がある。

「オレンジデイズ」の脚本家、北川悦吏子氏は、何度目かの手話ブームのきっかけを作った、豊川悦司主演の「愛していると言ってくれ」を手がけている。この「愛していると言ってくれ」もフリクショナル・ムービーだが、今回の「オレンジデイズ」はさらに輪をかけて、ほんとうにおかしな設定になっている（「愛していると言ってくれ」のフリクション度は★★★★☆）。

四年前に失聴したというのなら、沙絵は「中途失聴者」という設定でなければならない。ところが、ドラマの中では下品で猥褻な手話を使うという。それで前評判になったのだが、デフコミュニティとの接点を持ちにくい中途失聴者が、どうやって、その下品で猥褻な手話を覚えるというのだろうか？

「オレンジデイズ」の公式サイトでは、沙絵は、「どうにか立ち直り（略）、その心は聴覚を失った絶望により、かたく閉ざされたまま。その美しい顔で、そして白魚のような美しい指先で、めちゃくちゃ下品な手話を喋る（後略）」としてある。

失聴してから間もないのに、ろう者のように手話を操れる中途失聴者になどお目にかかったことがない。それなのに、沙絵はたった四年で、声を出さずに手話をするという。その手話も「ろう者なみ」という触れ込みである。

私の知人のろう者は、その下品な手話によるせりふがでた（らしき）場面を見たが、何をしゃべっているのか、ぜんぜんわからなかったという。

中途失聴者は手話があまり上手でない。いや、ろう者のように話せるための手話を勉強するのでなく、日本語を目で見える形におきかえた手話を勉強したいと思っている。それなのに、「オレンジデイズ」はその視点がまったく欠落している。

仮に沙絵が猛勉強してろう者のような手話を話せる設定にした、というのであれば、沙絵の周囲にろう者の姿が、つまり、デフコミュニティの存在が見えてこなければならないのに、それがまったく皆無である。そもそも、沙絵が聞こえなくなったことを受容していないという設定なのに、ろう者の言語である手話を学び、手話で話すという矛盾。脚本家、北川悦吏子氏はそのことに気づいていない能天気な人なのかもしれない。

「オレンジデイズ」の手話を指導しているのは、劇団きいろぐみの南さんという聴者。沙絵には、ネイティブサイナー（ろう者）が指導していて、その出演者（ろう者役でない人々）には対応手話の得意な人が指導しているらしい（オレンジデイズの公式サイト「南先生の手話日記」より）。だが、沙絵はろう者らしい手話ができるという設定の割には、変な表現が多い。

第二話か第三話だったと思うが、「寒くない？」という問いかけに対し、沙絵は手話で「平気」と答えるが、その手話の単語が日本語そのまんまの〈平気〉になっていた。手話だったら〈できる〉という語が非手指副詞〈問題ない〉と共起され、「平気」という意味になるが、ドラマでは〈平気〉という語が使われていた。このような用法の誤りが「オレンジデイズ」には多い。いや、「オレンジデイズ」だけの問題ではない。フリクショナル・ムービーでは、言葉（手話）も本来の姿からかけ離れてしまうのだ。

ちなみに日本語の「平気」は、①おちついて穏やかな気持ち、②物に動じないこと。威力や困難に負けないこと。転じて、大丈夫。かまわないこと。（『広辞苑』より）

和英辞典で「平気」を引くと、calm（冷静な、平静な）、cool（冷静な、落ち着いた）、indifferent（無関心な、無頓着な、冷淡な、平気な）、unconcerned（心配していない、平気な）が出てくる。

手話の〈平気〉は、どちらかというと、英語のcool（冷静な、落ち着いた）に近い。

日本語では、「寒くない？」「うん、平気だよ」。「トイレに行かなくてもいいの？」「うん、平気」というように使われるが、手話では〈平気〉でなく、〈できる〉（転じて、大丈夫）を用いるのだ。

「オレンジデイズ」公式サイトの「オレンジ質問箱」、「Q１　四年前に聴覚を失ったのであれば、沙絵は話せるのではないでしょうか？　どうしてしゃべらないのでしょうか？」に、南さんが答えているが、どうもすっきりしないものを覚える。

いずれにせよ、フリクショナル・ムービーに共通していることは、「聞こえないことは不幸なことだ」という前提があり、最後には「幸せ」になるというお決まりパターンがあるということだ。

（２００４年６月７日）

12 二〇〇五年の漢字は「愛」でしたが……（天声人語）

二〇〇五年の世相漢字は「愛」。

これは、財団法人日本漢字検定協会が毎年全国から公募して決定しているもので、二〇〇五年は八万五三二二人の応募があり、うち四〇一九人の応募により一位となった「愛」に決定したということだ。

二〇〇五年は、「愛」の必要性と「愛」の欠乏を実感した年といえるのかもしれない。

「愛・地球博」、「清子さんのご結婚」のような「愛」をテーマにしたものがあった一方で、子どもを狙った殺人など、残酷な手口の事件も多くあった。また、親の子どもに対する「無償の愛」はいったいどこにいったのかと思わされるくらいに、子どもへの虐待行為が増えているという昨今、まさに「愛」の欠乏を実感した一年ということになるかもしれない。

そうした中、朝日新聞の天声人語で二度にわたって手話が取り上げられたのをご存知だろうか。長くなるが一部引用する。

二〇〇五年一二月一日：天声人語（朝日新聞社）

▼右の手のひらを、胸のあたりで下に向ける。そして水平に小さく回す。手話で、「子ども」を表す手の動きの一つだ。頭をなでるようなしぐさからは、幼い命をいとおしむ気持ちまでが伝わってくる▼身長120センチというから、ちょうど手話で「子ども」を表す時の右手の下あたりの背丈になるのだろうか。学校からの帰りに殺害された広島市安芸区の小学1年の女子児童は、その体を折り曲げられ、家庭用ガスコンロを梱包（こんぽう）する段ボール箱に押し込められた姿で発見された。（以下、略）

二〇〇五年一二月三日：天声人語（朝日新聞社）

（前略）▼先日のコラムは、幼い子の頭をなでるようなしぐさで「子ども」を表す手話のことから書いた。九州からのお便りに、こんな一節があった。「『愛す』『大切にする』の手話は、円を描いた手の下にもう片方の手をそえます。寒い時、手の甲をこするように」▼幼い子のいる人もいない人も、手と手を合わせて、「守る目」をつくれないものだろうか。

子どもを大切にし、地域全体で子どもを守っていくシステムを作ろうという天声人語の主旨には賛成できるが、私はこの文を読んでかすかな違和感を覚えた。

かすかな違和感が何なのかを説明するのは難しい。だが、違和感を覚えた文章はどの部分なのかを言うことはできる。「頭をなでるようなしぐさからは、幼い命をいとおしむ気持ちまでが伝わってくる」という文章と「『愛す』『大切にする』の手話は、円を描いた手の下にもう片方の手をそえます。

寒い時、手の甲をこするように」の二ヵ所。

この手話を実際に用いているろう者は、手話の〈子ども〉が頭をなでるようなしぐさだと思ったことは一度もないだろう。手話を言語として話す人びとにとって、手話の〈子ども〉、〈愛する〉はすでに語彙化しており、たとえば、〈子ども〉を表す手話の動作は、天声人語で説明しているような「なでる」動きはしていない。

手話の〈子ども〉、〈愛〉の成り立ちについて説明し、「この手話の持つ優しさと同じように子どもを見守っていこう」ということを天声人語の筆者は言いたいのだと思うし、また、手話を知らない人がこの部分の文章を読めば「まったくそうだね」とほほえましく思うのかもしれない。

この天声人語の筆者はおそらく手話のことを知らない。今回の手話の例も、手話を習っている読者〈聴者〉の便りから引用したものだろう。重要なことは、天声人語の筆者のこの視点は、現在の社会一般の、手話に対する意識、見方を表しているということだ。

手話というのは、結局のところ、音声語の補完手段であって即物的な表現しかできないという捉え方が、文章の隅々に表れている。この著者は、手話を「語源」を通して見ており、「ジェスチャー、手振り、身振り」の概念でとらえている。この人の視点が現在の世間の見る目を具現化しているとも言える。

そして、始末の悪いことに、天声人語の筆者は悪意でこの文章を書いているのではないのだ。まさにハーラン・レインの「慈善の仮面」である。

（2006年1月2日）

PART5

ろうの子どもたちと日本手話

——バイリンガル・バイカルチュラルろう教育をめざして

1 第二回バイリンガル・バイカルチュラルろう教育研究大会

二〇〇四年三月二〇日〜二一日、第二回バイリンガル・バイカルチュラルろう教育研究大会（通称：バイバイ研究大会）が行われた。場所は東京・代々木の森に近い国立オリンピック青少年総合センター。参加者は三五〇名（二日間延べ五二〇人）。

このバイバイ研究大会は、デフフリースクール龍の子学園※の実践発表会からスタートしたもので、実践発表会から数えると五回目になる。今回のバイバイ研究大会は、日本財団の助成を受けており、研究発表の内容も、もちろんパワーアップしているが、予稿集がヒジョーに立派になっていた。第一回の予稿集がモノクロだったのに、今回は子どもたちの生き生きした顔写真が表紙になっている。スバラシイ！

さて、龍の子学園って何だ？　と思われる読者も中にはいるかもしれないが、龍の子学園のことは別の機会にまた詳しく紹介することにして、今回は、バイバイ研究大会のシンポジウムの様子を主に伝えることにしよう。シンポジウムのテーマは「ろう教育をより良くするために」。

実は、シンポジウムのコーディネータを私が引き受けたのは、開催の一週間前。パネリストの方々が大物過ぎて、私には荷が重すぎたが、ろう教育の過渡期にある現在、「これはやらなければ！」と引き受けることにした。

パネリストは全員で五名。龍の子学園代表とその保護者、そして全国聾学校校長会会長、財団法人全日本ろうあ連盟教育対策部長、慶應義塾大学総合政策学部専任講師という豪華な顔ぶれ。

「日本語対応手話とか日本手話とか、そういったことは区別する必要はなく、手話は一つ」という発言に対し、今回のバイバイ研究大会の特別講演の講師、インネス博士は「日本語対応手話と日本手話はまったく異なる。ろう者の手話が言語であるということは言語の専門家によって証明されている」という話をされた。

また、今回は全国聾学校校長会会長がパネリストとして出席ということでかなり注目を集めていた。日本手話による教育を望む親子が入学してきた場合、どう対応するのかという質問については、聴覚口話法を中心とした教育が必要という考えを堅持しながらも、親子の希望に沿う努力が求められるかもしれないと発言した。

フロアからも厳しい意見が飛び出た。

「自分が言語学の専門家でないというのならば、手話は一つなどと言うべきではない」

シンポジウムは一時間半で終了。

このシンポジウムでわかったことは、聴覚口話法やキュー、対応手話による教育を望む子どもにはそれが用意されてきたが、日本手話による教育を望む子どもへの対応は七〇年もの長い間放棄されてきたということだ。

それぞれ異なる立場であっても、パネリストの共通の思いは「ろうの子どものために」であろう。しかし、何がろうの子どもにとって一番よいことなのか、改めて考える必要があると感じたシンポジウムであった。

コーディネータって、大変な仕事なのね。自分の言いたいことも言えず、精神的にもよろしくない。もう二度としたくないというのが私の本音である。

（2004年4月1日）

※龍の子学園のホームページ：http://www.tatsunoko.org/wp/

※NPOバイリンガル・バイカルチュラルろう教育センターのホームページ：http://www.bbed.org/

❷ 共生社会に関する調査会

前回、第二回バイバイ研究大会・シンポジウムについて簡単に報告したが、実はシンポジウムの前に、私もビックリ！　の、第一五九回国会「共生社会に関する調査会」の報告があったので、これは取り上げなければと思い、ここに紹介する。

この報告は別にナイショというわけではないらしい。ちゃんと参議院のホームページにもこの調査会の報告が全文掲載されている（http://www.sangiin.go.jp/：参議院会議録情報：第一五九回国会　共生社会に関する調査会：第二号　平成一六年二月一八日：第四号　平成一六年三月三日）。

全文掲載だけあって、どこをどう読めばいいのかわからないという人も多いだろうから、概要をかいつまんで（というよりも、龍の子学園親の会の板垣さんの報告のパクリになってしまうけれど）紹介しよう。

まず、高橋議員（無所属・当時）からの質問「ろう者に手話教育がなされていないような話を聞いたが」に対し、参考人である玉村助教授（奈良教育大学）が、「口話法が主流だが、最近はろう者の団体からの手話導入の要望もあり、手話を導入するろう学校も増えている」とした上で「日本語対応手話か日本手話か議論が高まっている」という応答。

以上は、二月一八日、第二回でのこと。高橋議員の「手話教育がなされていない」という部分、ちょっと違うのだと思うのだけど。正しくは「手話で教育がなされていない」のだと思う。とにかく、調査会でこのことが取り上げられたことが、第四回の有村議員の質問につながったのだろうか？

第四回では、有村議員（自民党・当時）がかなり突っ込んだ内容の質問をしている。文部科学省の原田副大臣（当時）が素直に「知らなかった」と答え、しっかり検討したいという答えを引き出せたのは価値があることだと思う。

その前に、神本議員（民主党・当時）が重要な質問をしている。「特別なニーズとは誰が決めるのか？」という質問だ。これには、原田副大臣が「最終的には本人ないしはその保護者であり、その希望がしっかりかなえられるような制度にしなければならないと思っている」と回答している。

つまり、日本手話による教育という特別なニーズが出た場合、その希望をかなえられるような制度をということだ。

そして、有村議員は非常に勉強したとみえて、ろう者にとって「あたりまえの願い」が有村議員によって質問の形で出された。

●有村議員のコメントと質問

・現在のろう学校は「聞く、話す」ということに主眼をおいた「聴覚口話法」がメイン。

・ろう者は聴者に近づいたほうがいいだろうという考えから七〇年も聴覚口話法をやってきたのだと思われるが、聴力の重い子には厳しい。
・平成九年の調査では、手話を一切使っていないろう学校が小学部で半数以上、幼稚部で七割以上。
・ろう学校教員養成課程で手話が必修科目になっていない。子どもの手話を読めなくてもろう学校教員になりえる、この現状を副大臣はどう考えているのか。
・聞こえる人の母語は日本語だが、ろう者の母語は手話だと考えている。
・母語としての手話をマスターし、日本語の読み書きを習得する「ろう者のためのバイリンガル教育」というのが、ここ二〇年海外で成果をあげているが、日本の文部科学省は効果性が不明、あるいは実績がないということで積極的ではない。
・独立行政法人国立特殊総合研究所において、バイリンガルろう教育の効果性、海外での具体的な実践例など、研究に着手していただきたい。

原田副大臣は「大変恥ずかしいことながら、ろう学校で手話が普及していないことを知りませんでした。結論から言いますと、しっかり検討させていただきます」と答えた。

しかし、政府参考人の金森氏（文部科学省・当時）は「ろう学校では小中学部の七五％以上が手話を取り入れている」と答え、さらに「大学の多くのろう学校教員養成課程では手話の基礎的な指導を行なっている」と答えたのだ。

ろう学校教員養成課程出身の学生が、ウチの手話通訳学科に入ってくるんだけど、その学生さんの手話の力、当初は全然ないに等しいですよー。手話通訳学科で鍛えて鍛えて、成人ろうの手話を理解できるようになるんですよー。

でも、有村議員も負けていない。

金森氏の答弁を受けて有村議員は副大臣に述べた。

・その子どもにあった教育方法を提供するのは、日本の教育施策の中でも大事なこと。
・聴覚口話法にジェスチャーのように手話を付けるのでなく、第一言語としての手話を保障することが大事。
・「前向きに……」というのでなく、実際に担当者を決め、具体的な一歩が進むよう、副大臣のリーダーシップを期待する。

これに対し、原田副大臣は「はい、しっかりお約束します」と答えた。

聴覚口話法におまけ程度の手話じゃ、バイリンガル教育じゃない。国が責任をもってバイリンガルろう教育を始める時期にきていると思う。

「第二回バイリンガル・バイカルチュラルろう教育研究大会」でも書いたが、聴覚口話法やキュー、日本語対応手話による教育を望む親（と子ども）には十分にその道が開かれているが、それと同じように手話を母語とし、書き言葉としての日本語を習得させたいと願っている親とその子どもにもその道が用意されるべきなのだ。

国立のろう学校は一つだけ。筑波大学付属聾学校である。

筑波大学付属聾学校のホームページをのぞいてみると「残っている聴力を最大限に活用しようとする意欲を育てます」（幼稚部）と書いてあるが、どのページからも「手話」は発見できない。

国の責任で、特別なニーズにこたえる親子、つまり、日本手話で教育を受けることを希望する親子に対応するには、もう一つのろう学校を設置すべきだと思う。つまり、バイリンガル教育法を導入した国立のろう学校を試験的に始める時期にきているのではないだろうか。

（2004年4月5日）

③ ろうの子どもたちはろう学校で手話を教えてもらう？

「共生社会に関する調査会」の回で、高橋議員（無所属）の答弁「ろう学校で手話教育がなされないように聞いているが」に対し、「ろう学校では、手話で教育をしていない」と言うべきではないかという意見を私は書いた。

すると、聴者で新聞記者をしている読者の方から「あるろう者の記事を書いたときに、同じ指摘をぼくも木村さんから受けました。なぜこういう言い方（ろう者に手話教育がなされていない）が繰り返されるかというと、聴者のほとんどは、『ろう者は手話を学校で初めて教わるものだ』と思っているからです」というメールをいただいた。

さらに「子どもがかけ算を先生から初めて習うように、（ろうの）子どもたちは、手話の『達人』『第一人者』である（聴の）先生から『これが〝ア〟です』『これが〝おはよう〟です』というように教わるものだと思っているのです」とあった。

実は、デフコミュニティのメンバーであるろう者間では、聴者が「ろう学校で手話を教えている」というまったく見当違いの思い込みをしているということは、案外知られていない。ろう学校の聴の先生から、手話を教わることなどありえないからだ。

聴の両親から生まれたろうの子どもたちが手話と初めて出会う場所は「ろう学校」である。だからといって、先生から手話を教えてもらったというわけではない。手話の話し手であるろうの先輩たちから、手話を言語として獲得していくのである。

手話の禁じられているろう学校では、子どもたちは先生の目の届かないところで手話を話し、古参者から新参者へと受け継がれてきたのだ。先生のいない休憩時の教室の中、廊下、校庭、登下校の間、先生の目を盗むようにして、手を動かすのだ。

さらに、ショッキングなこと、すなわち、聴者の間に「手話は聴者がろう者のために作り出したものだ」という思い込みがあるということを、ろう者自身も知っておくべきであろう。手話通訳者やろう教育の専門家までそう思い込んでいる始末なのだ。

アメリカ手話は聴の牧師が、日本手話は明治一一年、京都にはじめてのろう学校ができたときに聴の先生が作ったと、まことしやかに言い伝えられているが、事実は違う。

アメリカでも日本でも（そして世界中のあらゆる国・地域でも）、手話は、その国・地域にいるろうの子どもたちが最初に創り出したのである（これは音声言語も同じことが言えるかもしれない）。

アメリカにしろ、日本にしろ、世界中の国・地域のろうの子どもたちが自分たちで考案し（あるいは発明し）持ち寄った手話を、聴者が教育の場に取り入れただけに過ぎない。

それだけならまだしも、「ろう者の手話は体系化されていない」として、改良を試みようとまでしたのだ。わが国では栃木県の同時法手話が有名であろう。

ここで言う「体系化する」というのは、日本語をきちんとした語順で視覚的に表現できるようにすることを指すらしい。ろう者の手話に独自の音韻・語彙・文法体系があるとは思わずに。

つまり、逆説的に言うならば、聴者は、ろう者の手話をコミュニケーション手段ではあるが、音声言語と同じように複雑な構造を持ち、高度で洗練された言語であるとは考えていなかったということにもなる。

最後に、読者のために今回のトピックをおさらいしよう。

【聴者の思い込み】

その1　ろう学校では、聴の先生がろうの子どもに手話を教えている。

その2　手話は、聴者がろう者のために考案したものである。

（2004年4月12日）

4 手話で話す『ろう児たちの言葉』

私の両親と弟はろう者。つまり家族全員がろう者なのだが、最近のデフフリースクール「龍の子学園」の子どもたちの様子を見ていると、子ども時代の手話に対する態度が私たちの世代とはかなり違うようだ。

弟を山口から東京に連れ出したのは、弟が小六のとき。都下の大島で開催された全国聴覚障害学生の集いに参加させたり、手話サークルにも連れて行ったりした。弟は集いに参加した学生の間で妙に人気者になり、学生たちとのコミュニケーションを楽しんでいた。

手話サークルのリーダー的存在だった聴者が、弟のことを「親がろう者なのに、全然手話ができないのねー。これからもっと手話を勉強したほうがいいわよ」と評した。私は、そのコメントに戸惑いや違和感を覚えながらも、「そのうち、手話ができるようになると思います」と話したのが記憶に残っている。

私は物心がついたときから両親の手話を見ていて、何を話しているのかは理解していた。それは弟も同じだったと思う。けれども、当時、手話はよくない言葉、動物的な言葉だと教えられていたので、手話を蔑視していた。

手話で話すということは、自らの社会的ステータスを貶めることだと思っていた。学校でも、口話で話す訓練は山ほどしても、人前で手話で話すトレーニングの時間はまったくなかった。

私は心の中でずっと、「手話を使うことは口話教育の信念を曲げること」とか、「手話で話すことは人生に失敗したことと同義」と思っていたので、自ら積極的に手話で話そうとしなかった。

私が「目からウロコ」的な経験をしたのは、二〇代の初めに渡米したときである。手話は、音声言語と同じように複雑な言語構造を持ち、一個の独立した言語であるということを知ったときの私の衝撃は大きかった。

いわゆる日本語対応手話（シムコム）でない両親の手話が、まさに学問的探求の対象となる言語の一つであることに気づいた瞬間でもあった。また、同時に「ろう」であることや、ろうである両親、手話に対する見方が劇的に変わった。

山口の実家の近くの「東洋のハワイ」と私が勝手に名付けている土井が浜海水浴場で三〇人規模のデフ・キャンプをした後、キャンプに参加した家族連れが私の実家にやってきた。

やってきた家族連れは、両親も子ども二人もろう者という家族。かわいい手で挨拶されたときの私の両親のキョトンとした顔が忘れられない。つまり、私の両親は、かわいい手で堂々とお話しする子どもを見るという機会があまりなかったのだ。

そして、「晴美ちゃんが小さいときはあまり手話で話さなかったよね」と当時を回顧し、手話が禁じられていたからかなと、少し後悔しているようでもあった。

ろう学校の先生から、「手話で話すと日本語を覚えられなくなりますから、子どものいる前では、できるだけ手話を使わないようにしてください」と指導されていたのである。この注文が現実のものになるということはなかったが、「手話はよくないもの」というイメージを、両親や私に植え付けたのである。

だから、手話で話すときは、目立たないようにコソコソと手を動かし、手話を流暢に操るよりはぎこちなくした方がマシだという意識が働いていた。

最近は、デフフリースクール「龍の子学園」のように、ろうの子どもにとって自然な母語（＝第一言語）となる手話で教育を受けている子どもは、手話に自信を持ち、平気で手話を話す。

三歳になったばかりの、おしゃべり盛りのろう女児二人（両親は聴者）が、「ネコのぬいぐるみ」をめぐって口論（手論！）を始めたところ、最近手話の環境に入ったばかりで、まだ手話で話す力が十分伸びていない三歳児が、口論の対象になっているぬいぐるみを横から力ずくで奪ってしまった。すると、先に争っていた女児二人は口論を止め、その女の子に向かって「なぜぬいぐるみを取ってはいけないのか」ということを、諭すように説明した。

ところが、その女の子は手話の環境にふれ始めたばかりで、女児二人のメッセージを十分に受け入れることができず、ぬいぐるみを手放そうとしない。結局、女児二人はその女の子にぬいぐるみを取られた形になってしまい、最後には「ママー」と自分の母親に泣きついたという。

また、別の五歳児の男の子（両親は聴者）の場合、ろう学校の昼食の時間に別の男児と手話でおしゃべりしていたら、先生にひどく叱られた。しかし、先生はおまけ程度に手話を付けただけの口話中心だったために、何を言っているのかわからず、なぜ怒られたのか自分で納得できなかったため、自ら不登校宣言をし、龍の子学園にずっと通ったという。

もちろん、男児が不登校宣言をしたとき、男児の親は「何かあったのか話してみて」と聞いたのだが、「それは言えない」と言って、親を困らせたという。しばらくして、男児も落ち着いてきたのか、龍の子学園のスタッフに「食事をしながらおしゃべりをすることはいけないことなの?」と聞いたという。

親がろう者であろうと聴者であろうと、龍の子学園に通っているろう児たちは、自分たちの言葉である手話で話すことに自信を持っている。そして、自己主張ができ、相手の話を聞くことのできる子どもに育っているようだ。

弟を含め、私たちの世代のろう者は、この子どもたちのような経験がない。手話は隠れて使うものという意識が強かった。

正直言って、とてもうらやましい。

(2005年6月20日)

5 手話の〈好き〉

バイリンガルろう教育（第一言語：日本手話、第二言語：読み書きを中心とした日本語）を実践している、デフフリースクール「龍の子学園」に通っている子どもたちは、言語の土台がしっかりしているからなのか、聴児（聞こえる子ども）と同じように話し、人の話を聞く。

聴児と違うのは、聴児が音声モードで話し、聞くのに対し、ろう児は手指モードで聞く、話すということだ。

ソラ君は早熟な男の子で、幼稚部時代から女の子にもてていた。しかし、ソラ君の好きな女の子は、なかなか自分のほうを振り向いてくれない。その女の子に「ソラ君は二番目に好き。私の一番好きな子は○○君なの」と言われ、落ち込んでいたというのだから、本当に早熟というか、いまどきの子どもは……というか。

それはさておき、ソラ君のお母さんは聴者で、日本手話を学習中なのだが、そのお母さんもソラ君との会話で手話の〈好き〉と日本語の「好き」の違いに気づいた一人。

お母さん：○○ろう学校で好きな友達いる？

ソラ君：いない。
お母さん：好きな先生は誰？
ソラ君：いないよ。
お母さん：じゃ、龍の子学園の○○先生は好き？
ソラ君：ううん。
お母さん：（びっくりして）○○先生、嫌いなの？
ソラ君：〈マシ〉
お母さん：マシって？

ソラ君のお母さんの、日本手話の力はなかなかのもの。しかし、右のような何だか噛みあわない会話は、お母さんの手話の〈好き〉の使い方が日本語のそれとは違うということを知らなかったためだ。「好きな友達」は、〈いい／友達〉もしくは、〈仲のいい／友達〉。「好きな先生」は、〈いい／先生〉、または〈ＯＫな／先生〉、〈認める／先生〉にすれば、お母さんの知りたいことがソラ君に通じたハズ。〈マシ〉という手話も曲者だ。「○○先生、嫌いなの？」と聞かれたソラ君は〈マシ〉と答えているが、これは「（恋愛対象として）○○先生は好きではないけど、先生としてはＯＫだよ」という意味なのだ。「嫌いな先生と比べて○○先生はマシなほうだよ」という意味ではないので念のため。
ソラ君のお母さんもたいしたもので、手話と日本語とでは使われ方が違うらしいと気づき、ソラ君に何度か聞いた後、ソラ君が好きなのは××ろう学校の○子ちゃんだけということがわかり、母としてムカついたというエピソードを教えていただいた。

お母さん：ソラ君の好きな人って誰？
ソラ君：フフフ。
お母さん：○○先生？
ソラ君：違う。
お母さん：じゃ、××ろう学校の○子ちゃん？
ソラ君：へへ。

ところで、〈好き〉の語は、音韻的に動詞と連続した場合、「～したい」という意味に変わる。音韻的に連続していない場合、「～することが好き」という意味になるので、注意が必要である（非手指動作レベルでも違いがあるが、ここでは割愛する）。

・食べる、好き　↓　食べることが好き
・食べる－好き　↓　食べたい（音韻的に連続している場合）

ソラ君が四歳のとき、ろう学校の担任の先生は、ソラ君は〈好き〉という語を間違って使っていると指摘したそうだ。

ソラ君：○○君の隣りに座りたい～。ねぇ座りたい～（ダダをこねて、座席を指さしながら〈好き〉を連発）。
先　生：ソラ君は「好き」と言う手話をどういう意味で使ってるの？
お母さん：「希望」ですよ。
先　生：？
お母さん：英語のI'd like（～したいと）みたいな意味です。
先　生：……。

着実に、手話を自分の言葉として身に付けていく、ソラ君の成長にはほほえましいものがあるが、先生を黙らせたお母さんもすごいと思う。

今回はソラ君のことを取り上げたが、龍の子学園に通っている子どもたちとその親のほとんどがそういった経験を積み重ねていく。

（２００５年12月12日）

❻ コーダについて話そう①

Coda〈コーダ〉は、Children of Deaf Adults の略からできた言葉。ろうの両親から生まれ育った聴者のことをさすが、厳密に言えば、成人ろう者のもとで育った聴者。アメリカでは、ゲイやレズビアンであるろう者のもとで育つ聴者もいるため、Chirdren of Deaf Parents とはしなかったのだ（Deaf Adults　はろうの成人たち、Deaf Parents　はろうの両親たちの意味）。

Coda の適切な訳語がなく、日本語ではそのまま「コーダ」とカタカナになっている。

日本で初めて「コーダ」という言葉がお目見えしたのは、一九九五年の秋、Dプロという団体が主催したオータムスクールでのこと。このオータムスクールにおける特別講演の講師がミリー・ブラザー氏で、米国の組織「CODA」の事務局長（当時）。ミリー氏に米国のコーダ事情について話していただき、日本のコーダたちによる初めての会合ももたれた。

「コーダ」という言葉が出てきて九年。「コーダ」という用語も市民権を得てきたようだ。日本手話〈コーダ〉も定着しつつある。

さて、今回は、コーダの「視線」に関するエピソードをいくつか紹介しよう。

“Signing Naturally”という手話テキスト（アメリカ）の著者の一人、シェリー・スミスさん（Cheri SMITH、女性）はコーダ。シェリーさんは、大学生の頃、友達だと思っていた男性から「もしかして僕のことを好きなの？」とよく聞かれたという。シェリーさんは、相手の顔を見つめながら英語で話していたのだが、相手のほうは異性から見つめられてドキドキ。つまり、シェリーさんは「もしかしてボクに恋心があるのかな」と相手に思わせてしまったらしい。

シェリーさんは、この経験をしてから、聴者と話すときは、どこに目をやればいいのか困ってしまって、周囲の聴者のコミュニケーションの様子、特にアイ・コンタクトのとり方をしばらく観察してみたという。

このシェリーさんの経験を、日本の何人かのコーダたちに話すと、似たような経験を持つコーダがたくさんいることが判明。

NHK手話ニュースキャスターの一人でもある田中清《きよ》さんは、新卒で会社に入ったばかりの頃、上司の説明をまじめに聞いていたら、上司から「そんなにじっと見つめないでくれ」と言われたそうだ。それで上司の説明を聞いている間、目をどこにやればいいのか困ってしまったという経験があるという。

別のコーダの男性の場合は、仕事でポカ（失敗）をし、上司から怒られたときのこと。そのコーダの男性は、自分でも深く反省し、上司の説教をまじめに聞いていたのに「ふまじめな奴だ」と更に上司を激昂させることになったという。上司の顔をじっと見ていたためだ。真摯に反省している態度とはみなされずに、この視線を逆に「反抗的」ととらえられたらしい。

「私が灰皿に灰を落としている間、あなたはおしゃべりを中断することはないわよ。私は聞こえているから」と友人（聴者）から言われたことのあるコーダの女性。友人が灰皿のほうに（灰を落とすために）視線をやるたびに、コーダの女性は、おしゃべりをやめていたらしい。なぜって、友人は自分のほうを見ていないから。

ろうのおばあちゃん、おじいちゃんに育てられたも同然の孫（聴者）のことをコーダ二世としよう。そのコーダ二世は、学校から帰ってきて、夕食を準備中の母親（コーダ）に「ねえねえ、お母さん」と、母親を自分のほうに振り向かせてから、日本語で学校での一日の出来事をしゃべり始めた。母親はその間、夕食の準備を中断。二人とも聞こえているのに……。

大学で就職面接のレッスンをしていたら、面接官役の先生に「キミの目はこわい感じがするよ。じっと見ないように」と注意されたことがあるという若いコーダの女性。

一般的に、コーダは、二つの言語（日本手話と日本語）、二つの文化（ろう文化と聴文化）を持つとされているが、視線の使い方という側面では、ろう文化のほうが（無意識的に）優勢になってしまい、聴者からいらぬ誤解を受けてしまうこともたくさんあるに違いない。そして、もしかしたらその誤解の原因がわからず、困っているコーダもたくさんいるのかもしれない。

そういう意味では、コーダにも早い時期から「二言語二文化（バイリンガル・バイカルチュラル）」についての情報を提供していく必要性があると思う。

（２００４年６月14日）

❼ コーダについて話そう②

前回、CODAについて書いたが、今回はKODAについて書こうと思う。KODAとは、Kids of Deaf Adults の略語。これもまた「コーダ」と読む。英語では発音の違いがあるだろうけれど、日本語ではCOもKOも同じように「コ」と読んでしまう。

Kids は「子ども」という意味。つまり、現在進行中？ の「子ども」をさしていることになる。CODAが成人をさし、KODAが子どもをさすと考えて差し支えない。

ろう者劇団によるある芝居を見に行ったときのこと。

入場するために並んでいると、服の裾がひっぱられているような気がして、下のほうを見たら、三歳くらいの男の子がいた。その男の子は私と目が合うなり「テレビに出てる人？」と大人顔負けの手話で聞いてきた。私はドキマギして「うん、そうだよ」と答えると、「じゃ、カメラ持ってくるから、動かないで待っていて」と言うではないか。

その男の子は、私とツーショットの写真をお父さんに撮ってもらうと、とても満足げに「ありがとう」とお礼を言ってくれた。私はその男の子をろう児だとずっと思い込んでいたのだが、KODAだった。何人かのKODAに会ったことがあるが、三歳児にして大人のように流暢に手話を話す子に会ったのは初めてだった。

その男の子のろうの両親は、さぞ「話のおもしろい」「立板に水を流すかのような」手話をする人なのかな、と思っていたら、ごく普通のろうの夫婦であった。いや、どちらかといえば、地味なご夫婦である。ろうのお兄さんがいるのだが、家庭では、聞こえる子に特別な配慮をすることなしに、手話で会話を進めているとのこと。音声日本語は、保育園で覚えてもらうようにしているという。手話か日本語かは、相手を見てから決めるということも、その男の子は学びつつあるということだ。

下手な手話の使い手には、日本語で話しかけるそうだから、三歳児にして、ろう者か聴者かを区別していることになる。

ところで、イギリスのデフファミリー六代目というろう女性から聞いたKODAに関する話もおもしろい。この女性は子どもを五人もうけたのだが、四番目の女の子だけがKODAだという。家庭では、まさに手話オンリーである。

ろう女性の言うには、そのKODAの女の子には、コミュニケーション上の問題があったという。「手話オンリーの環境で育ってしまったために、聴者としてのアイデンティティが持てずに、心理的に屈折してしまったのか!」

「コミュニケーション上の問題」と聞いたときの私の右の思い込みが甚だ的外れであったことを、次のエピソードは教えてくれる。

ある日、KODAの女の子が腹痛を訴えたので、お医者さんに見せることになった。だが、お医者さんの英語での問いかけに、女の子はイギリス手話で答えてしまう。もちろん、お医者さんは女の子の言うことがわからなくて困ってしまう。ろうのお母さんが、女の子に英語で話すように促しても「嫌だ、嫌だ」とイギリス手話しか話そうとしない。

やむなく、ろうのお母さんは、女の子のイギリス手話を書記英語にして、お医者さんに見てもらうという、変てこな形の「通訳」をしたという。女の子はお医者さんの言う英語はわかるけれども、腹痛という尋常ではない状況では、英語よりイギリス手話で答えるほうが本人にとって楽だったのかもしれない。

「英語を話さずに、手話だけで通そうとするんだから。私が聞こえるわが子の通訳をするなんて、思いもしなかったわ」

そのろう女性の弁である。その女の子は、現在、ハイスクールの学生で、英語とイギリス手話を適切に使い分けているという。

次は、ベビーKODAが生まれたばかりという、日本のろう女性のことを紹介しよう。彼女はいわゆる「国際結婚」をしている。つまり、自分の配偶者が聴者なのだ。

赤ちゃんをあやすときの、自分と聴の旦那さんや義母の行動の違いを発見したという。自分の場合は、赤ちゃんの視線が自分のほうに向いているのを確認してから〈ミルク飲む?〉〈おねんねする?〉

などと手話で語りかけるのだが、旦那さんや義母は、赤ちゃんがどこを見ていようと構わずに赤ちゃんに話しかけるというのだ。

つまり、手話言語話者は、赤ちゃんとアイコンタクトをとってから話しかけ、音声言語話者は、赤ちゃんとのアイコンタクトをあまり意識せずに話しかける、という傾向があるということだ。

視線を合わせる「アイコンタクト」が、ろう文化では、キーワードの一つ。

そういえば、デフファミリー出身のろう者とCODAの間に共通の経験があるということで、大いに盛り上がったことがあった。

何かのアクシデントで怪我や打撲をしたときのこと。たとえば、ドアに指を挟まれて泣いてもお母さんはやってこない。いくら泣いてもお母さんはやってこないということを何度かの経験で学び、自分から出向いていくのが一番早いというのを知るのである。

まず、指を挟まれる。挟まれた指はとても痛い。だが、ここで泣いても意味がない。だから、お母さんのいる場所まで行く。顔をしかめながら。お母さんを見つけると、挟まれた指をゆびさして、一気に泣くのである。

「ウソ泣き」というのもある。お母さんに怒られたとき泣く。けれども、お母さんがこっちを見ていないときは泣くのを止める（泣くっていうのは意外に疲れる行為なのだ）。お母さんの行動を薄目でチェックし、自分のほうを向いたときだけ泣くという「ウソ泣き」というのも、ろうの両親から生まれ育ったろう児とCODAの共通の経験かもしれない。

ところで、家庭ではマイノリティの親を持ち、手話を話し、家庭の外では、マジョリティである音声言語を話すKODAたち。自分がマジョリティ側の一員であることで家庭での疎外感を感じたりするKODAもいれば、マイノリティである親の文化（ろう文化）や言語（手話）を受け入れられないというKODAもいるかもしれない。

アメリカでは、そうしたKODAたちを支援するプログラムが用意されている。アメリカには一九八三年に「コーダの会」が設立されているが、KODAのためのプログラムも用意されているという。ワークショップやアイススケート、キャンプなどの行事があり、KODA同士の交流ができるようになっている。わが国でもそうした動きが一部分で出てきているが、全国組織までには至っていないようだ。

（2004年6月21日）

8 目上の人には……（読み書きのリテラシー）

先日（二〇〇五年）の「日本手話教育研究会第五回大会」の特別記念講演で、日本語教師の沼崎邦子先生に、「日本語教育の多国籍クラスの現場から」というテーマでお話していただいた。手話を教える者の一人として、沼崎先生ご自身の指導経験からくるお話の内容は大変参考になったし、とても刺激的だった。

大会が終わった後の懇親会で、日本語学習者が間違いやすい、日本語における目上の人に対するエラーのことが話題になった。

沼崎先生の話では、「～たいですか？」を日本語学習者は目上の人にも使ってしまうそうだ。たとえば「先生は何を飲みたいですか？」（「先生は何をお飲みになりますか」などのような言い方のほうが目上の人に対して失礼にならない）。

懇親会で、ろう者たちは異口同音に「もしかして、会社で目上の人に『～たいですか』と書いていたかも（筆談やメールで）」と言っていた。たとえば「資料を見たいですか？」「本を借りたいですか？」などなどである。

日本語がたどたどしい外国人ならば、「何を飲みたいですか」はご愛嬌ですませられるかもしれない。だが、ろう者は外国人と思われていないから、ろう者の書く日本語に対する評価は厳しい。そして、最悪の場合「ろう者は常識的なモノの言い方ができない」と思われてしまうかもしれない。

ある英国人の書く日本語の文章が、幼稚園児と同じレベルだとしよう。私たちは英国人の書く間違いだらけの日本語の文章を読んでも、その英国人の知的レベルが低いとは思わない。つまり、その英国人は母語として英語を話しているという前提の上に、評価しているからである。

ところが、私たちろう者の場合、その英国人のようには見られていない。ろう者の間違いだらけの日本語の文章を目にした聴者からは、ろう者は知的能力が劣っていると思われてしまっているかもしれないのだ。

手話なら自分の主張や意見を話せるというのに、ろう者にとっての母語ではない日本語の能力だけでその人の能力全体が低く評価されてしまいがちなのである。

日本のろう教育では、聞こえる子どもと同じように、「きれいに」「上手に」発音できる子にすることが至上の教育目的とされ、それを口実に長い間、口話教育が行なわれてきた。

授業の大半は、いかに正しく発音できたかに終始し、読み書きのリテラシー能力を向上させることについては軽視されてきた。彼らは、上手に話せるようになると、自然に読み書きもできるようになると思っていたのだろうか(聞こえる子どもでも、読み書きについては特別な訓練が必要だというのに)。

私の同僚、小薗江先生は、おもしろい経歴の持ち主である。彼はいわゆるデフ・ブラザーズで、ろうの兄がいる。小薗江先生は小学校一～二年の二年間だけ、地域の小学校にインテ※させられたが、勉強が全然できなかったため、ろう学校に戻ったそうだ。本人に言わせると、自分の知らない間に小学校に入ることが決まり、小学校では、何をしたのか覚えていないくらいつまらなくて、ろう学校に戻ったときはバンザイだったとのこと。

その小薗江先生、実はろう学校時代は落ちこぼれ、先生から見放されていたくらい勉強は全然できなかった。スポーツ万能でクラスのまとめ役、リーダー格でありながら、通信簿はみるも無惨な状況だったという。

彼が日本手話を教え始めるようになって、約十年。日本手話の言語構造を探るうちに、日本語の構造にも興味を持ち始め、現在は夜間の大学に通っている。

その彼が、ケータイで欠勤の連絡をしてきたときの文章に、「娘が病気のため、今日は学院に行きません。よろしくお願いします」とあった。

これ、ちょっとオカシイ。一番おかしいところは「行きません」の部分。日本語の母語話者なら、直感的におかしいと思う部分だと思う。

あえて「行く」という動詞を使うのなら、「行けません」あるいは「行けなくなりました」が妥当だろう。しかし、このコンテクストなら、「～のため、学院を休ませてください」が無難かもしれない（「会社を休みます」と書くろう者が多い。そのため、翌日、上司から「ろう者にとってワケのわからない」指導を受ける人も多いのでは……）。

翌日、小薗江先生に、メールの例の文章についてコメントしたら、次回からはちゃんと書いてくるようになった。

小薗江先生のように、言語習得の臨界期を越えていて、第二言語としての日本語を習得するには厳しい年齢に達していても、手話できちんと説明を受ければ、読み書きのリテラシーは格段に向上するのだ。

日本語の読み書きを教えるノウハウを持たないろう学校の先生より、沼崎先生のような日本語教師のほうが、ろう者に日本語を教えられるのでないかと思う。もちろん、日本手話の堪能な通訳を付けるか、自身が手話に堪能であればの話だが……。

最近来日された世界ろうあ連盟の名誉理事、ロスリン・ローゼン氏（Dr. Roslyn Rosen）は、ＡＳＬ（アメリカ手話）は、ろうの両親から第一言語として習得し、それを土台として書記英語を身につけたバイリンガルであると自ら宣言している。

日本でも、デフフリースクール龍の子学園のように、バイリンガルに育つ環境さえあれば、一〇年、一五年後には、日本手話と書記日本語のバイリンガルなろう者が、各分野で活躍しているだろうなーと思う。

（2005年3月14日）

※インテグレーション

9 通学・学校予算

ろう学校時代の思い出の一つに「通学」がある。「通学」の間は、両親やろう学校の先生の監視の目が届かなくなるので、思い思いに（手話で）おしゃべりできるし、好きなことをしていられるのだ。

さて、都心で「電車」や「バス」で通学している小学生といえば、たいていは名門小学校の子である。学帽を被り、詰襟の制服を着た可愛らしい男の子が電車に乗り込んでくる場面に出くわすこともたびたびある。

「電車」や「バス」で通学する小学生は少数派で、ほとんどの小学生は徒歩で小学校に通う。都心だったら遠くても一五分くらい。田舎では一時間かけて山道を歩く小学生もいるらしい。

中学生になると自転車による通学も認められるようになるが、それでも徒歩が圧倒的である。辺鄙なところにある中学校では、バスや電車での通学を認めているところもあるようだが、都会の標準的な中学生は、やはり徒歩で通う子が多いだろう。

高校生になると、徒歩で通学する子は極端に少なくなり、ほとんどが電車、バスでの通学となる。

一方、ろう者の場合はどうだろうか。

ろう者のほとんどは、ろう学校の幼稚部時代から「電車」または「バス」で通学している。スクールバスで、という人もいる。徒歩で通学するのは寄宿舎に入っている子を除いて非常に珍しい存在である。

徒歩で通学している子の場合、たまたま、ろう学校の近くに家があったとは考えにくく、家族ごとあるいは母子だけでろう学校の近くにあるアパートを借り、そこから通っているケースが多い。

ある手話講座で「小学校時代の通学」を話題にしたところ、一五人くらいの受講生のうち、道路を挟んで小学校があったという人が二人、小学校の裏側に家があったという人が一人、小学校から二軒隣に家があったという人が一人。なんと約四分の一強の人が、小学校の近くに住んでいることになる。

小学校が、全国にいくつあるか、皆さん、ご存知だろうか？

文部科学省の「学校基本調査」（平成一五年度）によると、小学校二万三六三三校（国立七三校、公立二万三三八一校、私立一七九校）。前年度より一七五校減っているという。児童数は七二二万七〇〇〇人！　教員数四一万三九〇〇人！

ろう学校はどうだろうか？

同調査結果では、ろう学校一〇六校（国立一校、公立一〇四校、私立一校）となっており、児童・生徒数（幼稚部～専攻科）は六七〇五人。教員数四九一五人。

この統計から見てもわかるように、ろう学校の数は少ない。東京都では一〇校しかない（都立九校、私立一校）。だから、ろう学校の近くに家がある子というのは非常に珍しく、たいていの子どもは電車やバスを乗り継いでろう学校に通うことになる。

私も、小学生のときは、午前七時一〇分発のローカル線（単線！）に乗り、一時間かけてろう学校に通った。田舎だったから、一時間に一本しかなく、ろう学校の児童・生徒は必然的に同じ電車に乗り合わせることになり、前から何両目と決めておいて、目的駅に到着するまでたわいのないおしゃべりをしていたものだ。

だから、小さいときから交通機関（電車、バス）に慣れているろう者が多い。見知らぬ土地にも一人で平気で出かけてしまう。路線図や運賃の見方にも慣れているし、行き先を間違えても、よほどのことがない限り平気である。海外に出ても言葉が通じないのは（日本にいるときと）同じだから、公共交通機関を使いつつ、かなり平気で歩き回れる。

ところで、統計を見て改めて思ったこと。小学校教員一人あたりの児童数は一五・五人。一方、ろう学校教員一人あたりの児童・生徒数は一・四人。なんと、単純計算すると、ろう学校は小学校の約一一倍の予算がかかっているのだ。

約一一倍強の予算をかけているのに、ろう学校に通う子どもたちの教育を受ける権利が一向に改善されていないように思うのは、私だけだろうか。八〇年以上も「聞こえ」を中心にした教育をしているにもかかわらず、成果を上げた子どもはどのくらいいるのだろうか？

デフフリースクール龍の子学園では、多いときで一〇人の子どもに一人のスタッフ（ろう者）が指導し、大きな成果を上げている。それなのに、スタッフの給料は、大卒新人教員の二分の一にも満たない。

ろう学校にかける予算の少しでも、龍の子学園に分けてもらいたいくらいだ。

（2004年7月5日）

10 北欧のバイリンガルろう教育を視察して

二〇〇六年八月、北欧のバイリンガルろう教育を視察する機会に恵まれた。今回の訪問先は、デンマーク、ノルウェー、スウェーデンの三ヵ国である。

デンマークでは、一九八二年八月から一九九二年六月にかけて、あるろう児学級でバイリンガルろう教育プロジェクトが実施された。スウェーデンでは、一九八一年に採択されたスウェーデン政府法※によってろう児へのバイリンガル教育が不動のものになった。

二〇〇六年の今年、世界でもっともバイリンガルろう教育が進んでいるとされているストックホルムのマニラろう学校で、その政府法採択二五周年を祝う行事が開かれたという。

「バイリンガル（教育）とは日本手話と日本語対応手話のこと」と真剣に主張する人がいまだにいる日本と違い、北欧では、ろう児が特別な努力なしに自然にインプットでき、母語となりうる手話を第一言語として、第二言語はあくまでも書記言語によるものと解釈されている。

今回私たちがたずねたろう学校は、どこでも「シムコムはろう児に無用の混乱をもたらすだけでメリットはない」という認識が教員の間で徹底しており、かねてから言われている「手話は言語である」ということの本当の意味がわかっているようであった。

一九八二年に始まったバイリンガル教育を受けた子どもたちは、もう成人していて、幸いにもその人たちと実際に会って話をすることができた。デンマーク手話はもちろんのこと、デンマーク語の読み書きに不自由することはないという。その上、英語もできるという。さらにドイツ語、スウェーデン語も読むほうは問題ないらしい（スウェーデン語はデンマーク語に近いから、この二つができてもバイリンガルとは言えないのではないかという意見もあるが、デンマーク語ができなければスウェーデン語を読むこともできないのだ。それにデンマーク手話とデンマーク語の両方ができるのであればそれでもう十分にバイリンガルではないか）。

北欧のろう教育関係者は、とにかく、手話を母語にすることの重要性をよく知っている。バイリンガル教育が成功するかどうかは、第一言語である手話をどのくらい大切にするかによって決まってくる、ということだ。

一九九〇年代後半、乳幼児への人工内耳適用が本格的に始まったが、数年前までは、北欧でもそういった人工内耳を付けた子どもたちに対して楽観的であった。「人工内耳を付けたからといって、バイリンガルろう教育からその子どもを排除すべきではない。人工内耳を付けても、ろう児であることは変わりないのだから、手話という言語環境を与え、読み書きだけでなく話し言葉へのアクセスが可能になるようにすべきだ」というようなことが言われていた。

しかし、今回の訪問で、状況が激変していることがわかった。デンマークでは、乳幼児への人工内耳装着率がほぼ一〇〇%に達し、その上、手話を第一言語とするバイリンガル教育は、人工内耳の効用（効果）が低くなるとして、医師は親に手話を用いないように助言し、親も人工内耳を積極的に選択しているという実態があり、その結果ろう学校に入る子どもたちの数が激減しているという……。最先端医療としての人工内耳のハイテク化が進んでしまった結果、人工内耳を付けた子どもに手話を母語として話せるよう保障しておき、その上で話し言葉（聞く、話す）も、といった悠長なことは言っていられなくなったというのが実情のようだ。人工内耳のハイテク化が進めば進むほど、手話は邪魔な存在になってしまった。

北欧のろう学校で見た人工内耳を付けた子どもたちは、なんだかおとなしいという印象である。もしかしたら聞こえる人と同じようにきれいな発音はできるのかもしれない。しかし、人工内耳の効果が高い子どもほどおしなべて手話の能力は低いように思えたし、それよりも、元気というものが感じられない人工内耳の子どもが多いことが気になって仕方がなかった。

ひるがえって日本はどうか。北欧からバイリンガルろう教育に関する情報はたくさん入って来るというのに、「本物の」バイリンガル教育を実践しているろう学校はいまだに皆無。ろう学校の先生たちが使っているという「手話」は、シムコムのことだし、それも日本語獲得のための道具という認識であることが多い。

日本は、バイリンガル教育を経験しないまま、人工内耳を付けた子どもたちと向き合っていくことになると思うが、たぶん、それは抵抗なく受け入れられることになるだろう。なぜなら、現在の日本のろう教育自体がいまだに口話主義の思想をひきずっているからだ。

そのような日本とは違い、「時代は逆戻りしてしまった……」と、北欧のバイリンガルろう教育に携わる人々は悲しそうに言っていた。

一九九〇年代から、研究者や視察団が何度も北欧に足を運んでいるにもかかわらず、「変化への努力」をしていない日本。そうした中で、デフフリースクールだけが気を吐いてがんばっている。

北欧で、バイリンガルろう教育をさらに推進するために、今後人工内耳とどう向き合い、どのような戦略がとられるのか、これからも注意深く見守りながら、日本におけるバイリンガルろう教育が、フリースクールという枠でなく、公教育（政府の責任であるいは肝いりで）で一日も早く実現することを願ってやまない。


（2006年9月11日）

※スウェーデン政府法（一九八一年採択）
政府のインテグレーション委員会は、重度のろうの子どもは子ども同士間と社会内で機能するためにバイリンガルでなければならないと指摘する。委員会によると、ろう児のバイリンガリズムとは、視覚・身振りによる手話と、ろう児をとりまく社会の言語すなわちスウェーデン語を身につけなければならないということである（「日本聴力障害新聞」から引用）。

あとがき

メルマガの読者の一人からひどく叱られた。メルマガを日本手話に翻訳して日本手話しか話さない人々にも見てもらおうという構想自体は、メルマガを出すときから持っていたのだが、なかなか実行に移せなかったため、「その間にも、ご高齢のろう者は君の手話を楽しみに待ちながら、亡くなっていくのだよ！」と怒られたのである。

「聾《ろう》に福《ふく》があるように」と布製の小さなかわいい「ふくろう」を作っては配っていた大阪の水田知津子さんは、私の手話版メルマガ完成を楽しみにしていた一人であった。その水田さんが病に倒れたという報を聞いた私は、水田さんがお元気なうちにと手話版の制作に着手し、数篇の手話版を見てもらうことができた。手話版メルマガのＤＶＤを発行できるのも、故人となられた水田さんのおかげである。

ところで、本書にはたくさんの方々が登場している。一人ひとりの名前を挙げることは紙面の都合でできないが、ここで改めて皆さんに感謝の意を表したい。中でも一番多いのは、私の職場である国立身体障害者リハビリテーションセンター学院・手話通訳学科の学生、卒業生の皆さん。彼らは、手話通訳学科の入っている五階で、あるいは実習先でさまざまな出来事に遭遇し、メルマガの素材となるエピソードを提供してくださった。彼らがいなかったら、本書はできなかったといってもよい。

そして、同僚の市田泰弘先生、小薗江聡先生、宮澤典子先生にも感謝したい。

市田先生（聴者）とは「異文化衝突」をくり返しながら、ずっと仲良くやってきている。「意見の相違等で衝突したら、互いにテンションを下げ、冷静になろう。もしかしたら文化の違いからくる衝突なのかもしれないのだから」。そういった経験も、ろう文化や聴文化について書くときの材料のひとつになっている。小薗江先生は私と同じろう者だが、彼はどちらかといえば日本手話のモノリンガル話者で、私にはない視点を提供してくれた。宮澤先生は、本書にも出てくる（六三ページ中段、二七一ページ中段）コーダである。本人は中学生になるまで聴の祖父母に育てられたから「中途コーダ」だと言っているが……。宮澤先生には、本書の日本語を最後までみていただいた。

日本語を第二言語として習得した私にとって、日本語で何かを書くというのは、実は、大変な苦労が伴う。日本手話だったら自分の考えや思いを簡単に伝えられるのに、日本語だと時間がかかってしまうし、何だかもどかしく、歯がゆい思いをしてしまう。自分で書いたものを何度も推敲していくうちにどれが正しくてどれが間違いなのかわからなくなることもある。そういう時は、第二言語なのだから多少の間違いは気にしないと割り切って、メルマガを配信したことも何度かある。

実は、メルマガの英語版というのも出している。これは、日本赤十字語学奉仕団の皆さんや、岡典栄さんの協力が大きい。団員の手によって英訳されたものは私のブログ「ろう者で日本人で…」の英語版に反映されている。英語圏の人々にも日本のろう文化を知ってもらいたいという私の思いをしっかり受け止めてくださっている。感謝したい。また、今回、手話のイラストをデフ・イラストレーターの下城史江さんに描いていただいた。手話に関する解説をすることなしに描いてもらえた。同じ言語を話す者同士だからこそできることである。

本書は、メルマガ「ろう者の言語・文化・教育を考える」のほぼ全篇を収録したものであるが、実は、最後にメルマガを書いたのが二〇〇六年九月一八日発行の「トイレに閉じ込められたら……」（メルマガ78号・本書一八四ページ）である。修士論文の執筆に追われ（それも気持ちだけで、実際に書き始めたのは師走に入ってからだったが……）、メルマガの発行がまったくできない状態が続いてしまった。だから、本書の刊行をひとつの区切りとし、また新たな気持ちでメルマガを書き始めたいと考えている。

刊行するにあたって、忘れてはならないのは、メルマガの熱心な読者の皆さんの存在である。読者の皆さんからのラブコールがあったからこそ刊行にこぎつけることができた。本書に対しても、感想やご意見をいただければ幸いに思う。

最後に、メルマガ「ろう者の言語・文化・教育を考える」を一冊にまとめるにあたり、内容を五つのジャンルに振り分け再構成し、ご助言をいただいた生活書院の髙橋淳氏にも厚くお礼を申し上げたい。

木村　晴美

「日本手話とろう文化――ろう者はストレンジャー」DVD 版の入手方法

『日本手話とろう文化――ろう者はストレンジャー』（20 話分収録）
『日本手話とろう文化 2――ろう者はストレンジャー』（20 話分収録）
『日本手話とろう文化 3――ろう者はストレンジャー』（22 話分収録）
各 1800 円（税込）

下記までお問い合わせください。

（株）ワールドパイオニア
〒164-0001 東京都中野区中野 3-33-3 インツ中野ビル 5F
電　話：03-3229-2282
ファクス：03-3229-2277
メール：wp@wp1.co.jp
http://www.wp1.co.jp/

本書のテキストデータを提供いたします

本書をご購入いただいた方のうち、視覚障害、肢体不自由などの理由で書字へのアクセスが困難な方に本書のテキストデータを提供いたします。希望される方は、以下の方法にしたがってお申し込みください。

◎データの提供形式＝CD-R、フロッピーディスク、メールによるファイル添付（メールアドレスをお知らせください）。

◎データの提供形式・お名前・ご住所を明記した用紙、返信用封筒、下の引換券（コピー不可）および200円切手（メールによるファイル添付をご希望の場合不要）を同封のうえ弊社までお送りください。

●本書内容の複製は点訳・音訳データなど視覚障害の方のための利用に限り認めます。内容の改変や流用、転載、その他営利を目的とした利用はお断りします。

◎あて先
〒一六〇―〇〇〇八
東京都新宿区三栄町一七―二 木原ビル三〇三
生活書院編集部　テキストデータ係

キ　リ　ト　リ　線

【引換券】
日本手話とろう文化

【著者略歴】
木村晴美（きむら・はるみ）
山口県生まれ。ろうの両親から生まれ育ったろう者。一橋大学大学院言語社会研究科修士課程修了。国立障害者リハビリテーションセンター学院手話通訳学科教官（1991年〜）。NHK手話ニュース845の手話キャスターとして出演中（1995年〜）。
著書に『はじめての手話』（市田泰弘と共著、日本文芸社、1995年）、論文に「ろう文化宣言——言語的少数者としてのろう者」市田泰弘と共同執筆『現代思想』1995年3月号、「手話入門——はじめの一歩」『月刊言語』1998年4月号、「手話で表されるユーモア」『月刊言語』1998年4月号、「手話における表情の役割」『月刊言語』1998年12月号、「ろう文化とろう者コミュニティ」『障害学を語る』（筒井書房、2000年、所収）、「手話通訳者とバイリンガリズム」『月刊言語』2003年8月号、などがある。

■ブログ「ろう者で日本人で…」: http://deaf.cocolog-nifty.com/
■メールマガジン「ろう者の言語・文化・教育を考える」:
MagBee　http://magbee.ad-j.com/

日本手話とろう文化
ろう者はストレンジャー

発　行　二〇〇七年四月二五日　初版第一刷発行
　　　　二〇二二年七月三〇日　初版第五刷発行

著　者　木村晴美
発行者　髙橋　淳
発行所　株式会社 生活書院
〒一六〇—〇〇〇八
東京都新宿区三栄町一七—二 木原ビル三〇三
電話　〇三—三二二六—一二〇三
ファックス　〇三—三二二六—一二〇四
振替 00170-0-649766
www.seikatsushoin.com

印刷・製本　株式会社シナノ
装丁　糟谷一穂

ISBN 978-4-903690-07-0